逆势增长

业绩倍增八大系统

李英灿 著

中国财富出版社有限公司

图书在版编目（CIP）数据

逆势增长：业绩倍增八大系统 / 李英灿著 . —北京：中国财富出版社有限公司，2020.8

ISBN 978－7－5047－7209－1

Ⅰ.①逆… Ⅱ.①李… Ⅲ.①中小企业－企业管理－研究－中国 Ⅳ.①F279.243

中国版本图书馆 CIP 数据核字（2020）第 147669 号

策划编辑	谢晓绚	责任编辑	张冬梅 沈安琪		责任发行	白 昕
责任印制	尚立业	责任校对	卓闪闪			

出版发行	中国财富出版社有限公司		
社　　址	北京市丰台区南四环西路 188 号 5 区 20 楼	邮政编码	100070
电　　话	010－52227588 转 2098（发行部）	010－52227588 转 321（总编室）	
	010－52227588 转 100（读者服务部）	010－52227588 转 305（质检部）	
网　　址	http：//www.cfpress.com.cn	排　版	宝蕾元
经　　销	新华书店	印　刷	天津市仁浩印刷有限公司
书　　号	ISBN 978－7－5047－7209－1/F・3188		
开　　本	710mm×1000mm　1/16	版　次	2021 年 1 月第 1 版
印　　张	13	印　次	2021 年 1 月第 1 次印刷
字　　数	157 千字	定　价	68.00 元

版权所有・侵权必究・印装差错・负责调换

前　言

小微企业是市场经济的重要组成部分。什么是小微企业？经济学家郎咸平教授将我国的小型企业、微型企业、家庭作坊式企业、个体工商户等，都统一划入小微企业的范畴。小微企业虽然是企业的末梢单元，却是与我们每个人的经济生活密切相关的群体。这个群体是国民经济和社会发展的重要部分，在促进国民经济增长、增加国民就业率、激发民间活力、维护社会和谐稳定等方面发挥着极其重要的作用。这是小微企业所体现出来的优势。

小微企业本身也是一个弱势群体，具有自身规模较小、力量偏薄弱、抗风险能力差等问题，当它们伴随着大企业森林逆势而生时，自然也会遇到诸多困境。很多小微企业处于起步阶段，本就会面临诸多内部管理不畅的问题；如果此时再有外患袭来，对于小微企业来说无疑是雪上加霜。

以 2020 年为例，这一年注定是不平凡的一年，于小微企业而言也是命运多舛的一年。2020 年正值春节临近，新型冠状病毒肺炎突如其来，给中华民族乃至全世界带来了空前的灾难。这场疫情对很多巨头企业造成重创，同时也给诸多小微企业带来了毁灭性的打击，很多小微企业甚至成了这场疫情的"炮灰"。这场疫情虽说不会给中国经济带来毁灭性的打击，但对于余下的小微企业来说却关系其生死存亡。

命运多舛的小微企业如何展开自救？如何在之后的发展之路上找到属于自己的生存空间？这些问题都是当下小微企业老板该面对和深思的问题。

从当下的趋势来看，小微企业要想在未来找到自己的发展之路，需要具备三个重要条件：一是要遇到下一个风口，在大浪潮的带动下，逆风起飞；二是要有一个优秀的"铁班底"，带动小微企业整体向前迈进；三是要做好组织系统建设，让组织系统保障企业的战略方向，实现逆势增长。

我们正处于互联网高速发展的时代，这个时代孕育着众多的大风口，每个小微企业老板都应该时刻提高风口意识，把企业做大、做强；而要想实现这一切，每个老板都应该建设好自己的组织系统。

正如我们的人体有八大系统，这些系统相互协调配合，才使我们的各项生命活动得以正常维持，任何一个系统出现了问题，就会以生病或死亡的形式表现出来。同样，一个企业好比一个生命体，它也有属于自己的八大系统，任何一个系统好坏与否也会影响企业的生死存亡。

我结合东方的经典国学文化和西方的现代管理系统，以及小微企业老板在实际的经营过程中遇到的各种实际问题，以"经营企业就是经营人"为核心，从总裁修炼、班底建设、客户定位、爆品打造、销讲成交、企业文化、薪酬设计、股权激励八个方面出发，撰写本书，全方位地化解老板的困惑，实现企业业绩的爆炸式倍增。

比起李老师，我更希望大家叫我英灿老师，因为李老师太多了，而英灿老师则足够特别。我一生的使命是，让世界上少一家倒闭的公司，多一家逆势增长的企业。用一百年的时间帮助一千万的小企业实现增长。最后，衷心祝愿各位企业老板能在本书中找到打开财富大门的钥匙，并找寻到生命的大美！

目　录

第一大系统　总裁修炼：经营企业的本质是经营希望 ………… 1

成功是一种习惯，失败也是一种习惯。能做大事的人，会保持一种好习惯，脸上永远充满笑容，永远带着希望；而不能做大事的人，会把失败和生活中不良的行为当成一种习惯。把失败当成习惯的人，注定一事无成。从现在开始，不要再把失败当成一种习惯，而是要把成功当作最好的习惯。这才是一个老板、一个总裁最应该有的气魄。

第一节　经营企业的本质是经营希望 ……………………… 3
第二节　你的希望来自你的精气神 …………………………… 7
第三节　善待身边人，你的事业自然也会变好 …………… 10
第四节　小成者靠悟性，大成者靠环境 …………………… 13

第二大系统　班底建设：凡成大业者必有"铁班底" ………… 19

古往今来，99%的企业垮塌都是班底的垮塌，成大事者必有"铁班底"，必有稳固的底盘。企业的领导者，尤其是中小微企业的领导者，更要打造出"铁班底"，并经营好自己的"铁班底"，用利益和精神将企业"铁班底"牢牢绑定。只有这样，才能使企业脱颖而出。

第一节　99%的企业垮塌都是班底的垮塌 ………………… 21

第二节　你缺的不是人才，而是独当一面的人才 …………… 26

第三节　老板的唯一出路：先把自己变成人才 ……………… 33

第四节　人品概念是小老板和大老板的分界线 ……………… 37

第五节　拼命成长，才是老板的命脉 ………………………… 40

第六节　真正"铁班底"：由核心人到合伙人 ……………… 42

第七节　打造"铁班底"：实现利益和精神双层捆绑 ……… 46

第三大系统　客户定位：企业的战略核心是客户定位 ………… 53

现代管理学之父彼得·德鲁克表示：企业的目的就是创造顾客。如果没有顾客，企业和产品根本就没有存在的意义。对于一个企业来说，准确定位自己的客户，是企业成功的关键所在。为什么很多小微企业很长一段时间成长缓慢？最大的原因是其根本不清楚或不确定自己的客户是谁。管理学中有这样一句话：战略是方向，定位是取舍。如果你不知道你的方向在哪里，你怎么去定战略？如果你不做好客户取舍，怎么去定位？你只有知道你的客户是谁，你才知道去哪里打仗，往哪里冲锋。这也是所有小微企业的战略核心。

第一节　南园海鲜的故事：定位不准，必然亏损 …………… 55

第二节　定位目的：让产品印在消费者的脑海 ……………… 59

第三节　从"我是谁"到"我的渠道"：精准定位六步法 … 63

第四节　某教育机构的裂变之旅 ……………………………… 68

第五节　精准定位，利润翻倍 ………………………………… 74

第四大系统　爆品打造：企业80%的利润来自爆品 …………… 83

为什么现在95%的企业撑不过5年就会倒闭？原因很简单，就是这些企业的产品太普通了。很多人可能会觉得自己的产品很好，不是普通产品。在我眼里，如果你的产品销售额没有过一亿元，那就是普通产品，而这类产品在5年之内很有可能被替代或是被市场淘汰。所谓的好产品不仅是产品本身好，而且还要卖得好。所谓的爆品就是能够引爆用户口碑和销售业绩的产品，比如小米手机、苹果手机等。未来企业80%的利润来自爆品，只有有能力打造爆品的企业才能在竞争中活下去。

第一节　从0到百亿美金：小米的爆品之道 ················ 85
第二节　为什么移动互联网时代要打造爆品 ················ 88
第三节　打造爆品战略之一：赔品卡 ······················ 93
第四节　打造爆品战略之二：储值卡 ······················ 96

第五大系统　销讲成交：销讲是塑造企业影响力的放大器 ··· 101

俗话说得好，"小成者做事，大成者做势"。很多小微企业老板终其一生也只取得了一点点的成绩，因为他们只把眼光放在了做事和做产品上，而没有把眼光放在更长远的格局上。当今是一个随处是机遇的互联网时代，也是一个人人销讲、个个直播的会销时代。未来人人都需要学会销讲、学会直播，未来的企业家个个都应是销讲演说家、直播带货手；否则难以生存，容易被时代淘汰。

第一节　销讲可以实现企业的快速成功 ···················· 103
第二节　学会销讲的无限好处 ···························· 107
第三节　今天是依靠用户传播的时代 ······················ 112
第四节　企业转型升级的五个阶段 ························ 116

第六大系统　企业文化：唯有文化，才能生生不息 ············ 123

有人说，如果把一个公司比作一个人，企业文化代表着这个公司的性格，体现着这个公司的气质；也有人说，企业文化就是一个团队的一言一行，是点滴形成的。我认为这些都对，一千个人眼中有一千个哈姆雷特。但有一条是不变的，企业文化是老板的文化。对于小微企业来说，资金、人才、技术等显性资源方面本身就处于弱势，要想在现代社会的竞争中取胜，就要在企业文化上多下功夫。

正如任正非所说：资源是会枯竭的，唯有文化才会生生不息。

第一节　文化是企业的灵魂，而不是简单复制 ………… 125

第二节　真正的企业文化从心灵深处而来 ……………… 127

第三节　你能成就多少人，就有多少人成就你 ………… 130

第四节　使命设计的六大问题和四个力量 ……………… 136

第五节　愿景设计的三要素：时间、数字化、冲击力 …… 140

第七大系统　薪酬设计：薪酬设计是核心，其他都是外围建设 ……………………………………… 145

一个小微企业要想谋求更长远的发展，不仅要抓住市场风口，制定好企业的长远发展战略，而且在人力资源管理方面也要有更长远的眼光。同时，公司还要根据自己的性质和特点，结合发展规划和薪资分配规划，制定合理的薪酬制度。你要记住，一个不成熟的老板，总是与员工谈工作；而一个成熟的老板，会直接谈分配，直接从薪酬设计开始。薪酬设计才是核心，其他事情都属于外围建设。

第一节　薪酬设计与员工的心理期待有关 ……………… 147

第二节　老板常犯的十大薪酬设计错误 ………………… 150

第三节　薪酬设计方案的五大模块 ……………………… 155

第四节　关系企业生死存亡的晋升通道 ………………… 164

第八大系统　股权激励：股权设计是企业成败的首因 ……… 169

为什么当初马云持股7.4%，却能管理好阿里巴巴？为什么任正非拥有不到2%的股权，却还能管理好华为？其实说到底是股权在其中发挥了重要作用，股权是对一个公司的终极控制。有多少企业因为不懂股权，天天上演各种争斗，比如新浪的创始人王志东当年败走麦城，西少爷合伙人一开始就注定会有一场争斗……还有很多公司因为陷入股权之争，导致股东内耗而不能快速发展。有人说："合理的股权设计的重要性甚至在某种程度上超越了商业模式的重要性。"我认为这句话是非常有道理的。股权是什么？股权是企业的根，股权设计是企业成败的首因。

第一节　股权的魅力是无穷的 …………………………… 171
第二节　从三股分天下到合伙人制度 …………………… 174
第三节　股份制改造的四大核心 ………………………… 179
第四节　必须股改的情况 ………………………………… 186
第五节　股改之道："八定"定天下 ……………………… 190

后记　危机即机遇 ………………………………………… 193

第一大系统

总裁修炼：经营企业的本质是经营希望

成功是一种习惯，失败也是一种习惯。能做大事的人，会保持一种好习惯，脸上永远充满笑容，永远带着希望；而不能做大事的人，会把失败和生活中不良的行为当成一种习惯。把失败当成习惯的人，注定一事无成。从现在开始，不要再把失败当成一种习惯，而是要把成功当作最好的习惯。这才是一个老板、一个总裁最应该有的气魄。

第一节　经营企业的本质是经营希望

很多中小微企业主常跟我抱怨："英灿老师，为什么只有极少数人能成功，而我们大多数人都成了时代的垫脚石呢？成功很难吗？"的确，对于很多人来说成功很难，但对于一部分人来说，成功却又是件很简单的事。

很多人怀里抱着大量的成功学书籍，他们想在里面寻找成功的方法。读了所有的成功学书籍，就一定能拯救自己吗？就真的能让自己取得成功吗？要知道，马云取得今天的成绩并非归因于任何成功学的课程，任正非的成功也不是因为研究成功学。可以说，没有一个人是因为研究成功学而成功的。

你肯定会问，那些成功者在最开始的时候都在研究什么？我来告诉你，他们研究的是"倒闭学"，他们研究的是为什么这个企业到最后会倒闭。当他们把所有可能导致企业倒闭的原因找到了，自然就避免了自己的企业走向倒闭。最后剩下的只有一条路，那就是成功之路。

不远的未来一定是商业智能时代，不论是超级企业，还是中小微企业，人人都在焦虑，因为谁也摸不清这个时代的脉搏。所以，这种人人焦虑的情绪只是这个时代的前奏曲，而变革必将成为未来商业的主旋律。企业主想要创业成功，想要变革成功，一定要先研究明白企业倒闭是因为什么。

一个企业可能因很多原因而倒闭，如企业太虚不务实、团队的组织保障跟不上业务发展、文化理念太传统落后、股权分配不合理、现金流断裂……甚至有的公司四个合伙人，每人的股份各占25%，这就是一种"必死"的股权分配结构。还要强调的是，公司的营业额不能进入老板的私人账户。因为这样做，公司是迟早要倒闭的。公司的营业额一定要进入公司的账户里，公账和私账一定要分开。

这些都不是企业倒闭的主要原因，那什么才是公司倒闭的主要原因呢？

我经常看到一些老板整天愁眉苦脸的，员工也唉声叹气的，这样的公司大多维持不了多久就会倒闭破产。如果连老板每天都愁眉苦脸的，那么员工压根儿看不到希望，顾客也会跟着迷茫，企业自然就离倒闭不远了。

有一首老歌叫《男人哭吧不是罪》，有的人觉得应该为老板写一首叫《老板哭吧不是罪》的歌。当资金链面临断裂、员工工资发不出来、房租交不起、货物进不来时，大多数的老板开始愁眉苦脸，借酒消愁，找人倾诉，然而这样做未必会有好结果。

当你愁眉苦脸地告诉员工工资发不出来了，你的员工或许会有跳槽的想法；

当你告诉客户最近货进不起了、公司快倒闭了，你的客户可能会第一时间找你退货；

当你向下面的小股东提议再追加投资，否则公司就撑不下去了，小股东不但不会再增加投资，还有可能会集体撤资；

当你和经销商、代理商、加盟商说干不下去时，加盟商可能会果断地更换一个新品牌代理；

当你回家跟父母、配偶说公司快不行了，他们只会更担心你，而过分的担心可能会成为一种阻碍。

由此可见，作为老板不要把所有的困难写在脸上，否则别人在你这儿看不到希望。在这个世界上，人们会同情弱者，但通常只会追随强者。所以切记，经营企业就是经营希望。

只要你让员工看到希望，员工就会把心交给你；只要你让顾客看到希望，顾客就会把钱交给你；只要你让代理商、加盟商看到希望，他们就会把加盟费交给你；只要你让股东看到希望，他就愿意追加投资；只要你让家人看到希望，他们就会对你很放心，会鼓励你，你干活儿才能充满无限力量，家庭才会更幸福。

不论任何时候，你都得让别人在你这儿看到希望，并让这种希望之光常留在脸上，使之成为一种习惯，这是一种能让人成功的习惯。

为什么很多人不成功？原因只有一个，就是他们只有三分钟热度，做事半途而废，不能坚持到底。这样的人无论从事任何行业，都不会成功的，即使成功也只是暂时的。因为他不能持之以恒，无法聚焦其中，难以实现突破。

以手机为例，手机是高科技产物，是我们与这个时代连接的重要工具。但我要强调的是，手机是工具，我们一定不要成为手机的奴隶。

不管什么时候，不管什么场合，频繁看手机就是一种不好的习惯。一句流行语说得好：全世界最远的距离不是天南海北，而是我坐在你的对面，你却还在看手机。

每年年底好不容易回家来陪父母，结果你还在发短信、打电话；孩子好不容易放假了，你本来可以有更多的时间来陪孩子，结果你还是在看手机、玩游戏。好不容易谈成了一单生意，结果签合同时你还在看手机，你的客户会放心把钱交给你吗？好不容易来听课了，你还在不停地打电话、玩游戏，你还能学到新知识吗？

所以，只要你对面有人，无论对方是谁，记住千万别把看手机当成一种习惯，这是做人的基本素质。

我每天讲课十几个小时，在这期间，我一般不接电话，看手机、玩游戏的时间更是没有。现在我来说一说关于接电话的学问，这是一种让你受益终身的学问。

如果有客户经常给你打电话，你接不接？我告诉大家，几乎所有自称朋友给你打电话的客户，无外乎两个目的，降价或免费。所以，这时客户的电话不要接，如果客户真有事，他会直接打到前台。

如果员工给你打电话，你也不要轻易接。多数情况下，员工打电话肯定是问题处理不了寻求你的帮助。一旦你接了员工的电话，帮员工解决了问题，你的能力就会越来越强，员工的能力就会越来越弱。一个老板的能力越强，员工的能力就越弱。如果不想员工永远成长不起来，你必须给员工单独处理问题的机会，同时也是锻炼其能力的机会。

你要记住，经营企业的本质是经营希望。作为企业老板或总裁，只有对企业始终抱有希望，对员工抱有希望，对自己抱有希望，成功才不会远离你。

> **英灿点醒**

1. 梦想不仅是拿来实现的，更是拿来支撑灵魂的。
2. 成功是一种习惯，失败也是一种习惯。
3. 每天要有婴儿般的笑容，情人般的眼神，钢铁般的意志！
4. 要想成为一位在行为上有所成就的人，我们要做的就是将自己的思想跳出那些由约定俗成的概念组成的生活框架之外。

第二节　你的希望来自你的精气神

一个人的希望从哪儿来？一个老板的希望从哪儿来？我认为有三个方面，即精、气、神。

1. 为什么精不满

有的人失去了人生的纲领和方向。现代社会的诱惑太多了，金钱、名利、地位、美色等无时无刻不在诱惑着人心，而这些又是滋生腐败的主要原因。回顾这几年来的腐败案件，几乎所有落马的人，都是从廉洁，到被诱惑，最后走向腐败。

一些人在诱惑面前很容易失去人生的纲领和方向。他们不知道未来几年会发展成什么样，他们也不知道将来会成就什么大业，在他们脑子里没有一套思想体系去引领团队发展。他们心里，早就没了使命感、没了愿景、没了正确的价值观。

作为老板，如果你对这些内容都没有清晰的认知和定位，你就会精不满。为什么？因为你已经失去了人生的纲领和方向。

2. 为什么气不足

气是什么？气是你的底气、骨气。

举个例子，如果我欺骗过身边的朋友和亲人，那我在他们面前肯定是没有底气的。但如果我是一个医生，我曾拯救了很多病人的生命，那我在这些人的面前就是非常强大的。因为我救过这些人的生命，我帮助了这些需要帮助的人，我的内心是自豪的。

一个老板要想让自己拥有强大的动力，一定要学会帮助身边的人，帮助需要帮助的人。为什么比尔·盖茨、巴菲特这些人这么富有？为什么他们个人魅力这么强大？因为他们有了财富，就去帮助那些需要帮助的人，这就形成了一个良性的循环。越帮助他人，自己也就越成功；自己越成功，也就越能帮助他人。

3. 为什么神不旺

很多人都觉得一个人的眼睛有神，神就比较旺，这样的人看上去非常聪明，是高情商的人，所以人们片面地认为成大业的人都是"情商高"的人。但是那些所谓的高情商的人，眼睛总是转来转去的，好像在算计什么，与这样的人合作我们的心里有底吗？肯定是没有底的。

而"情商低"的人不会什么事情都做，他们知道自己悟性不高，所以只潜心钻研自己比较擅长的领域。

四川简阳有一个小伙子刚开始创业做火锅的时候，很多人给他提意见。有的老板说："你和我一起来投资吧。"但这个小伙子挠挠头说："我不懂金融，我只会做火锅。"有的老板说:"你和我一起来开发房地产吧。"小伙子说:"我连图纸都看不明白,算了,我还是做火锅吧。"还有的老板说:"我们一起做教育培训,一起做合伙人。"小伙子说:"我不懂教育,更不懂合伙人制度,我还是继续做火锅吧。"这个小伙子一门心思地做火锅,一做就是30年,他的火锅从简阳做到全国,最后做到了上市。这个小伙子叫张勇,他做的火锅叫海底捞。

当年那些所谓"情商高"的人、悟性高的人,他们一旦有了资金,就会四处投资,而资金链一断,所有投资的公司就全部倒闭了。一个人的精力是有限的,铺面排得太开,分散的是你的神;而那些"情商低"的人一生只做一件事儿,把一件事儿做好了就是大成。所以说,"情商低"的人比"情商高"的人更容易成大事,因为他们的专注、坚持和聚焦。

总之,精、气、神是一个人的根本。叶子黄了不一定是叶子的问题,可能是根断了;精、气、神是一个老板的根,根的问题都没有解决,后面关于薪酬、股权这些问题就更不容易解决了。因此,要先把根的问题解决好了,才能解决好后面的问题。

英灿点醒

1. 一个人精满、气足、神旺,其动力就会变强,成功的希望就大增;反之,一个人精不满、气不足、神不旺,他的动力就会不足,成功的希望就会变小。

2. 一个老板的魅力就是持续不断给员工带来好处和好结果的能力!

第三节　善待身边人，你的事业自然也会变好

有一次，我去吉林长春讲课，课后又进行辅导。这也是我们的优势之一，比如我们当时课上推广的老师只有 7 个人，但是可以参与课后服务和入驻企业、帮扶企业落地的老师却有 30 多人。对于很多中小微企业来说，优质的服务是连接企业与客户的最好方式。

当时我们的公司还处于成长期，所以有些事儿需要我适当跟进。课后休息时，我正在准备资料，这时我的同行，一个培训公司总经理打电话来说："等您辅导完企业和客户后，能不能来辅导一下我们公司？"

我在电话里询问其原因，总经理解释说他们公司本来是帮助别人做培训的，可最近自己的员工却先后跳槽了，现在加上自己只剩下 8 个人了，公司面临倒闭的问题，他现在最想做的就是让我过去给他们进行辅导。

我想了想答应了他，我强调说："辅导可以，但是有一个条件，就是每个人一定要参加聚会，喝酒。"他虽不解，但还是答应了。为什么我要特别强调大家一起喝酒呢？我要营造气氛，气氛上来了，一个人做事的魄力也就有了。于是，我辅导完上一家公司后，就直接去了这家培训公司。我到了以后，大家晚上一起喝了酒。

后来这家公司从当时的8个人变成了23个人,其中有13个员工月入过万,当月销售额高达80多万元。现在这家公司在东北地区开了5家分公司,在东北地区培训行业中排名前三。

那本是一家濒临倒闭破产的培训公司,在那天晚上,我培训时只用了一句话就给救活了。可能有人觉得我在吹牛,那我告诉你我说的这句话是什么。我当时只说了一句:"你只管善待身边人,你的事业自然也会变好。"

其实不仅是这家培训公司,这句话同样适用于现在很多刚创业的小公司。你如果真正听懂了这句话,哪怕现在负债累累、身无分文,你也能在两三年内东山再起。这句话是老板经营企业的命脉和核心,甚至是一个人能不能成就大业的根本。当然,如果这句话你听不懂,你是反着来的,那你是必败无疑的。

有的人说为什么是善待人,而不是善待国家、善待天下呢?善待国家、善待天下通常一个人是做不了的;你能做的是善待身边人。身边人变好了,你的事业自然受益了。具体来说,善待身边人包括以下几点。

第一,你要善待家人,让家人过上幸福生活。如果你连家人吃、穿、住、行这些最基本需求都无法满足,你的家人心里自然也是委屈的。

你的家人就是你最大的财富,如果你连最大的财富都没有"管理好",外面的财富又怎么能进来呢?这其实就是家和万事兴的道理。所以,你要渡人,要先渡家人,要善待自己的家人。

第二,你要善待员工,让员工有更好的发展,你才是好老板。一个员工把自己的青春全部交给了你,而他的青春只有一次,他到你的公司来上班,其真实的想法是通过公司平台过上幸福的日子，比如他想让自己的孩子去读好的学校，他想把父母接到城里生活，他想给妻子买个好房子，等等。

可是，如果员工在你这里工作了五六年，每个月仍旧是拿着一成不变的薪水，既买不起房子，也买不起车子，那你觉得自己是个合格的老板吗？你的员工还会与你同心协力干事业吗？你的公司还能做大吗？所以，你要渡员工，让他有看得见的实惠，他才会与你一条心，共同前进。

第三，你要善待客户，要做到"你赢他也赢"，双赢才会有好关系。你的客户是谁？是给你买单的人。一个客户能在别人家用100元买到价值120元的产品，可是到了你这里他只能用100元买到价值90元的产品，因为你想要赚取更多的利润。那这个客户会去哪里买？他肯定会选择前者。

有的老板说客户不进店，你没有实惠的东西吸引他，他怎么会进店呢？有的老板说留不住客户，你没有锁客的系统，他怎么愿意留下来呢？所以，你要渡客户，让你的客户看到利润，他才愿意与你建立一个长久的、良好的合作关系。

第四，你要善待股东，不要让股东的投资失败，你才是值得信任的合伙人。股东投资你的公司，一定是想要有所回报的，因此你要善待股东，不要让他的投资变成失望，否则你第二次开公司时，对方就不会再相信你。如果你让他在首次投资时拿到回报，你下次再开公司时，他就有可能会主动来投资。

你的父母、你的孩子、你的亲朋好友，这些都是你要善待的人。一个连家人朋友都不爱的人，你绝不能与他合作，因为他不可能爱你，即使说爱你也都是假的。

人的一生，时时刻刻都要"善待"，既要善待自己，更要善待身边人。我把这个总结为，修身、齐家、治企、善待身边人。当你善待身边人之后，你还要为国家做贡献。因为是国家给了你安身立命的基础，有了强大的国家，你才得以在这个时代里大展宏图，实现自己的理想。

为什么有的人总感觉自己做企业没有动力？因为你善待的人太少了，你帮助的人太少了，没人用你，所以你的动力就强大不起来。如何做呢？很简单，那就是善待好身边人，从你的家人开始、从你的员工开始、从你的客户开始、从你的股东开始，然后再去兼顾国家和天下。

英灿点醒

1. 真心对待身边出现的每一个人，并且与方方面面有特长的人建立起广泛而良好的关系。

2. 当我们相信能战胜一切困难的时候，我们就能战胜它们；当我们确信自己能够达到目标的时候，我们也自然就能够达到目标。

第四节 小成者靠悟性，大成者靠环境

一个商业领袖的成功靠什么？我认为，小成者靠悟性，大成者靠环境。相同环境下，那些做到十亿、百亿级营收的大老板，又是靠什么取得成功的呢？

以马云为例，马云经历了三次创业失败，在第四次创业时，他找来了几个合伙人，于1999年创办了阿里巴巴集团（以下简称"阿里巴巴"），这次他成功了。

马云的第一个投资人是孙正义，他给阿里巴巴投了2000万元；孙正义教马云如何开公司，如何做企业，可以说孙正义是马云的第一个贵人。

其间，阿里巴巴又来了一个贵人叫蔡崇信。蔡崇信有位中国台湾好友，是高盛中国香港地区的投资经理，正要对中国互联网行业进行一次尝试性投资。蔡崇信敏锐地抓住了这个机会，说服这个好友一起来投资阿里巴巴。于是高盛领衔一众机构向阿里巴巴投资了500万美元，接着蔡崇信就来马云的公司上班了，并帮马云引进了10亿元的资金。

话说回来，马云的第一个贵人是孙正义，而孙正义最崇拜的人是比尔·盖茨。孙正义从日本到美国留学，当时的比尔·盖茨大学还没毕业就开始创业开发软件。于是孙正义也在大学模仿比尔·盖茨，跟他的教授合作开发了一款翻译机。他的教授出技术，他负责销售，大学毕业之前孙正义就赚到了第一桶金。孙正义拿着这笔钱，在他第一次见到比尔·盖茨时就直接对他说要代理他的产品。于是，孙正义把比尔·盖茨的微软公司的产品代理到日本去了。甚至，他公司的名字都与比尔·盖茨的微软相似，他的公司叫作软银。

比尔·盖茨在七岁的时候认识了一个人，这个人是IBM（国际商业机器公司）董事长汤姆·华森。当时，比尔·盖茨对这个人崇拜得五体投地，他跟妈妈说长大后要成为像汤姆·华森这样的人，要成为世界级的企业家。那么，比尔·盖茨七岁时怎么能认识汤姆·华森呢？因为比尔·盖茨的妈妈是IBM的董事。若干年之后，比尔·盖茨成立了像IBM那样声名显赫的公司，只不过IBM是卖硬件的，而微软是卖软件的，最后他成了世界首富。

我们再往上推，汤姆·华森最崇拜的人又是谁？他崇拜的人是日本著名的企业家松下幸之助。松下幸之助被称为经营之神，是一位非常成功的企业家。

从这一系列的故事中不难看出，有大成者都是有根源的。

沈阳有一个小伙子，他在四岁的时候就对音乐有感觉。这个孩子一听音乐就会跟着节奏晃动。他的爸爸发现这个孩子有音乐天赋后，把家里房子卖了，给他请来一个叫朱雅芬的演奏家，专门教他弹钢琴。结果这孩子弹到了东北第一名。

孩子的爸爸发现自己的孩子在东北地区已经成为第一名了，所以他决定让孩子走向全中国。于是他又到中央音乐学院，给孩子请了中国顶级的钢琴演奏家赵屏国指点孩子学琴，在赵屏国的教导下，孩子在比赛中取得了全国第一名的好成绩。

于是，孩子的爸爸觉得孩子应该走向世界，便在德国请了有名的演奏家格拉夫曼教孩子，直至孩子取得世界第一名的成绩。

最后，孩子的爸爸实在没钱了，就把工作辞了，把家里唯一一所房子也卖了，继续培养孩子。很多人不理解，就对孩子的爸爸说这样做太不值了。孩子爸爸却说："难道这个世界还有比我培养儿子更重要的事情吗？"

从上述例子来看，不管是商界，还是文艺界，上下五千年，横跨东、西、南、北，只要是在自己的领域取得成就的人，没有一个离得开"师傅"和"教练"的教导。因此，你要想在商业领域里有所成功，必须要有自己的师傅和教练。

有的人问我，是教练决定学生，还是学生决定教练？把两个孩子，一个放在美国生活，一个留在中国生活，18年之后我们再把这两个孩子找回来，在美国的孩子一定是说英语的，在中国的孩子一定是说中国话的。孩子生出来时都是一样的，他变成任何样子、将来能取得多大成就，取决于他的环境是什么样的。所以，我说"小成者靠悟性，大成者靠环境"，商业领袖成功靠的是师傅和教练，靠的是自己所处的环境。

英灿点醒

1. 你的环境影响你的成就，小成者靠悟性，大成者靠环境。
2. 小成者拼命往上长，大成者拼命往下扎根。
3. 什么叫董事长，就是最懂事的家长；什么是企业家，就是创办企业为大家。
4. 想要取得事业腾达，必须把自己并入国家和社会的系统内；想要让公司强大，必须把自己并入上下游和内外客户的系统内。

阅读思考

1. 你是怎样打开自己的环境的？

_____

_____

_____

2. 在这个环境里，你有哪些感悟？

_____

_____

_____

3. 要想在商业上获得成功，请问你师傅和教练是谁？如何找到他？

_____

_____

_____

第二大系统

班底建设：凡成大业者必有"铁班底"

古往今来，99%的企业垮塌都是班底的垮塌，成大事者必有"铁班底"，必有稳固的底盘。企业的领导者，尤其是中小微企业的领导者，更要打造出"铁班底"，并经营好自己的"铁班底"，用利益和精神将企业"铁班底"牢牢绑定。只有这样，才能使企业脱颖而出。

第二大系统
班底建设：凡成大业者必有"铁班底"

第一节　99%的企业垮塌都是班底的垮塌

近几年来，我在给很多中小微企业进行培训时，发现一个共性的问题，就是企业老板对于成功的定位非常模糊。多数人认为，企业之所以能够成功，是因为追随着市场的风口，不断努力，市场需要什么，企业就朝着那个方向去追。可一旦风口过去，资本退潮，企业又被打回了原形。

这是个竞争残酷的时代，盲目跟风不再成功。别被雷军的那句"站在风口上，猪都可以飞起来"给带偏了，其实雷军这句话后面还有话，那就是"长出一个小翅膀，就能飞得更高"。对于中小微企业来说，这个"小翅膀"是什么？即中小微企业要打造一支战无不胜、攻无不克的"铁班底"。这个"铁班底"要像铁板一样坚不可摧，把大家凝聚在一起，并积极向上，使企业永远高飞。

从实际情况来看，中小微企业在发展过程中，最先要解决的是人才的经营以及队伍的打造问题。如今再也不是老板一个人带领大家打天下的时代了，企业需要一个稳固的"铁班底"。这才是企业能够在任何新风口实现腾飞的关键所在，同时也是解决企业在发展过程中面临的各种人才问题的关键。

以我们公司一个客户刘宗贵为例，他当初正是因为打造了自己的"铁班底"，才重新站了起来。刘宗贵来自黑龙江，曾干过保管员，当过材料员，后来因"不甘寂寞"，便开始下海经商。

1995年，新婚的刘宗贵，和亲戚朋友借了几万元，租了一家门店，开了一家小食品批发部。东北的冬天非常冷，低至零下30多摄氏度，家家靠烧土锅炉取暖。屋漏偏逢连夜雨，他遇见了一个很吝啬的房东，为了省煤，天天晚上把锅炉压火，不给送气，刘宗贵老婆的手指头都给冻坏了。生意刚开始起步时，由于没有经验，刘宗贵在进货的时候进了不少假货。这个批发部开了一年多就经营不下去了。在这之后，刘宗贵开过饭店，承包过小酒店，卖过水果，赶过大集。

刘宗贵打拼这么多年，也做了不少生意，不但没有赚到钱，还把借来的钱全部赔光了，最后没有办法，只好把家里房子和所有家当全部变卖了，才还清了所有债务。之后，刘宗贵决定出去闯一闯，看看外面的世界。于是他通过朋友介绍来到云南，并接触到了轮胎这一行业。当时他下定决心，一定要把握好这次机会，在云南干出一番事业来。

经过十六七年的努力和打拼，刘宗贵成立了一家轮胎商行。在这一过程中，他在轮胎行业里也是几经波折。在遇到我们之前，刘宗贵轮胎商行的销量每年都在下滑，利润也在下降，费用成本逐渐增加。我们为其诊断，发现其公司缺少一个核心的团队，也就是公司的"铁班底"还不过硬，导致公司内部的机构体制不健全，工人的工资分配不合理，公司的人才缺失，员工流失也比较快，下游的客户也不稳定……

后来，刘宗贵通过学习我的八大系统课程，思路逐渐拓展，整个人豁然开朗。他意识到一个企业要想成长，实现快速发展，一定要跟上现代社会的发展趋势，利用好互联网工具，结合线下实体店发展物联网，帮扶下游，并购中游，整合上游，整合资源，联盟合作，打通同行业各个环节，实现垂直化发展。尤其是通过对班底建设进行系统的学习，刘宗贵知道了如何管理好公司的团队，如何增强员工的积极性，如何打造好公司的"铁班底"，让人才价值最大化。

如今，刘宗贵的公司已经有了四家直营店，拥有几十人的团队，下游经销商有300多家。他先后代理了朝阳、正新、倍耐力、普利司通等多个知名轮胎品牌，每年销售额在3000万元左右。这个小微企业一步步成长到现在的规模，我们可以预见它在未来的辉煌前景。

刘宗贵是明智的，他在意识到公司的班底出现问题时，马上参与学习培训，使他的企业成功渡过了一次危机。但有很多小微企业并没有意识到班底的重要性，通过我多年的研究调查，结果显示有99%的企业垮塌都是因为班底的垮塌。

一个公司的倒闭看似有各种各样的原因，但其根本原因就是没有班底或者班底垮塌。一个大国的崛起也正是因为背后有一个"铁班底"在支撑。以中国为例，中国之所以能迅速成为世界第二大经济体，不仅是因为我们在全球化经济背景下发展，更是因为我们有牢不可破的"铁班底"。正是因为有这个"铁班底"，中国在各种困难面前能应付自如，并勇往直前。

再以2020年的疫情为例，当疫情以史无前例的速度在全国蔓延时，政府采取了一系列果断措施，及时控制了疫情的蔓延。这是大国的力量，也是大国的担当。而这种力量和担当的来源，一方面是我们的广大人民群众，另一方面是我们的国家拥有一个极为出色的"铁班底"。正是这二者完美配合，才使得中国能够站在世界前列。

再回到公司上来，如果一家公司的"铁班底"还在，哪怕其他员工都跳槽了，哪怕企业已经负债累累，但我相信三五年后这家公司仍然能东山再起。但如果公司没有一个"铁班底"，那么倒下去就真的再也站不起来了，要知道，中国没有几个公司可以像史玉柱的公司一样倒下去还能再站起来。如果你没有一群挺你一辈子，且把生命和下半生交给你的人，你是不可能东山再起的。

这里再举一个和《西游记》有关的例子，《西游记》中唐僧师徒历经九九八十一难取得真经。我在研究中国企业管理时发现，通常大团队管理者需要读《水浒传》，而小团队管理者则需要读《西游记》。

《西游记》中的唐僧师徒，是一个团队，唐僧领导徒弟，一路西行，彼此紧密配合，最后到达西天，取得真经，并修成正果。可以说，这是一个非常优秀的"铁班底"团队。

在这个"铁班底"里，每个角色的分工都很明确。

唐僧：团队的精神领袖，经常给下面的员工，也就是徒弟们加油打气。

孙悟空：班底里的明星员工，能力出众，相当于市场营销部负责人。

猪八戒：班底里的润滑剂，班底里没有这样的人，会显得过于沉闷。

沙僧：班底里能干活的老黄牛，经常跑前跑后，管吃管喝，挑担子拿东西，相当于后勤负责人。

白龙马：在班底里负责交通和日常活动，相当于领导的秘书加司机。

这五个不可或缺的角色组成了一个完整的"铁班底"。

《西游记》中唐僧团队的成功，是最值得很多中小微企业学习的案例。过去的中小微企业，大多依靠传统思维下的"老板一言堂"来支撑，所有的员工都是老板雇用来的下属，公司只有一个老大，那就是老板。如果唐僧也在团队中搞一言堂，恐怕这个团队是永远取不到真经的。随着互联网时代的进一步深入发展，老板和员工之间，尤其是与核心员工之间的关系维护，仅靠"老板一言堂"的传统思维是行不通的，我们需要重新架构这种关系。

每个中小微企业主都要好好思考这个问题：我们做大事业终究要靠谁呢？其实答案只有一个，那就是要靠自己的"铁班底"。

"铁班底"需要什么样的成员呢？平时做好自己的本职工作，关键时刻能挺身而出，担负起力挽狂澜的重任，这样的人应是你的"铁班底"核心成员。而你与"铁班底"之间，再也不是雇用与被雇用的关系了，而是一种合作的关系。在这种关系之下，你的团队会变得所向披靡。阿里巴巴能取得今天的成就，正是得益于它的合伙人制度，这个合伙人制度构建了一种更高级版本的"铁班底"。

> **英灿点醒**

1. 经营企业就是经营人心，拥有了人心，财富和利润就会随之而来。

2. 伴随着生命，我们还收获了许多其他礼物，而选择的权利就是其中重要的一项。

第二节　你缺的不是人才，而是独当一面的人才

一辆汽车想要跑得快，需要有车轮来带动；一个公司想要发展得更好，需要有人才来辅助。

很多中小微企业主常向我抱怨："李老师，我们并不缺人才啊，可为什么我的公司还是做不起来呢？"其实在这个遍地都是人才的时代里，这些老板缺的不是人才，而是独当一面的人才。

说到底，所谓班底建设就是核心人才队伍的建设。这种能独当一面的核心人才，必须具备以下八种能力。

第一种能力，人才复制的能力。企业所有的问题都是人的问题，所有管理和营销策略都是围绕人来制定的。所以，一个企业要想成功，一定要把育人当主业，把生意当副业。

第二大系统
班底建设：凡成大业者必有"铁班底"

当年松下电器还是一个小企业的时候，松下幸之助就向员工传达了这样一句话："你们去客户那里拜访的时候，如果人家问松下电器是生产什么产品的公司，你们就回答他们说松下电器是培养人才的公司，顺便也生产电器产品。"

"在做产品之前先育人"，是松下幸之助的管理哲学之一。在他看来，一个人的能力终究是有限的，如果只靠一两个人的智慧指挥一切，即使一时取得成功，也是短暂的。因此，松下电器不是仅依靠总经理经营，也不是仅依靠中层干部经营，而是依靠全体员工的智慧经营。松下幸之助为此努力培养人才，制订长期人才培养计划，批量复制人才，让人才为松下电器所用。

同样，我们首富思维是以批量生产优秀的总经理、讲师、销售人才以及复制优质团队为目标，顺便也做培训课程，这是我们企业经营的核心。作为一个中小微企业主，你的"铁班底"也一定要有这种人才复制的能力，否则你只能自己干到底。

第二种能力，营销策划的能力。当公司业绩下滑的时候，作为店长、经理、总监、副总，不要去问老板怎么办，而是要想办法把资金收回来。

怎么收回来？这就需要营销策划的能力，要能制订策划方案，并能成功把产品卖出去。传统的营销模式，产品获得的利润是 10 − 8 = 2（元），其中，10 元是产品的销售额，8 元是产品的成本，2 元是产品最后的利润。现在和未来的营销模式是什么样？

现在和未来的营销模式是这样的，比如说你要在 10 元的基础上，再增加七个功能，假定每个功能的价值为 10 元，这样产品的价值加起来是80元,假定成本为20元,你以30元的价格将其卖给客户,获得的利润就是10元。人工成本、固定成本和变动成本都不能降低,因为降低了人工成本,可能会导致人才流失;降低了固定成本,可能会因为偷工减料而导致产品质量下滑;降低了变动成本,有可能导致客户价值下滑,造成客户流失。为了提升产品的质量和客户的价值,商家不但不应降低成本,还要把成本从8元增加到20元,把产品价值打造到80元,最后以30元的价格卖给客户。成本20元,那么利润就是10元,比原本翻了4倍。产品价格提高了,顾客反而觉得很便宜,乐于购买,这样商家的销售额增长了,利润也跟着增长了。那么这个产品新增的七个功能如何去找?这就需要具有营销策划能力的人去全国各地寻找。因此,如果你的企业里没有这样的核心人才,则产品难以创新,利润难以提升,经营容易陷入困境。

第三种能力,财税管控的能力。当资金收回来以后,企业的经营者除了需要控制好成本,该缴的税也一定要及时上缴,否则公司就会偏离正轨,走上违法犯罪的道路。身边常有企业老板问我哪些方法可以避税,我告诉他们,合理避税的方法有很多,但一定要走正路。

我认为,所有的老板都应该成为半个财务专家。之所以这样说,是因为我在培训的过程中,常发现很多小企业的老板对财务报表一知半解;对于资产负债表、损益表、现金流量表,更是完全不清楚;至于每个月公司收益是多少或是亏损了多少,心里也完全不清楚。每个月基本上都是钱从左口袋进来,右口袋出去,这种情况在早期的"夫妻店"中最为常见。

小企业创业初期的企业文化就是生存,就是赚钱,如果你自己连最基本的收益都不清楚,你的企业怎么能不倒闭呢?之所以出现这种情况，主要是因为你缺了一个帮你进行成本管控、资金管控、税务管控、账目管控的人才。

你的一切决策都要从这个角度出发，否则你只是凭感觉拍脑袋做事，结果也只是把自己的企业"拍死"而已。对于一个中小微企业主来说，如果你没有财务人才，你的薪酬和股权体系都不能落地，你的一切想法都不能落地。

一般来说，早期"夫妻店"的组织形态是这样的：夫是负责团队业务和管理的老板；妻负责公司的财务。但是你想一想，或许你妻子的能力很强，她可以管好三家门店的财务，但她很难同时管好七家门店的财务，因为她的精力有限。这一点我是深有体会的，我发现大部分人开店时，第一家是赚钱的，但往往开到第三家时就开始亏钱了，到第七家就开始逐渐关门了，最后一家经营下去的都没有了。

所以，在你的"铁班底"里，一定要有具备财税管控能力的人才。对于企业来说，财务涉及企业的方方面面，所有高管都应该懂财务。如果一个店长连财务报表都看不懂，那么他如何经营整个店？如果一个总经理连利润都不会算，那又该如何进行分红呢？所以，企业的老板和高管一定要学会成本管控和风险管控。

第四种能力，会销策划的能力。所谓会销，顾名思义就是通过会议来进行促销，从而达到流量变现的目的。要成为具备会销策划能力的人才，一定要知道如何进行品牌宣传，如何进行业绩转化，如何去增强客户对公司的信心，如何去提升公司在行业的影响力和知名度，如何去提高公司的公信力……

总而言之，一个优秀的会销策划人才一定是全能的。可能有的人觉得，这简直太难了，这样的人太少了。事实上，互联网时代的现状恰恰如此，市场运营对会销策划人才的要求越来越高，会销策划人才必须适应这种需求并不断提高和成长，这样才能跟得上市场的脚步，不然只会被淘汰。

以我自己为例，我每次讲课都很轻松自如，因为我有邀约总指挥，有会议总指挥，有成交总指挥。邀约总指挥负责邀请人们来听课，会议总指挥负责会场布置和人员安排，成交总指挥专门负责收费，而我所要做的就是讲课，把课讲好就是最好的结果呈现。

想一想，我们自己做一场会销能邀请到多少人？以我的经验判断，如果是免费课程，约100人会来60人；如果是收费课程，约100人能来80人。这时如果我们没有专门的会销策划人才，在讲课的同时，我们该怎么去布景、怎么去安排流程、怎么进行成交设计……所有的这些都是需要会销策划人才来协调的，所以企业一定要有这样的人才。

第五种能力，销售演讲的能力。如果一个人在会场讲得天花乱坠，结果一件产品都没能卖出去，其结果是失败的。因为仅会演讲是没有用的，还要懂销售，要通过演讲实现一对多销售，这才是最终目的。也就是我们后面说的销讲成交，即通过销售演讲，促成成交。

刚刚创业时，我一个人到全国四处讲课，一讲就是一整天，到了晚上回到酒店里整个人直接躺在床上起不来。后来我觉得这样下去肯定是不行的，我开始寻找对外讲师，到处推广。现在我有很多弟子，都是销讲高手，他们的成交率也远远超过了我。

销讲不同于一般的演讲，它需要你能够在固定的时间内给客户留下深刻印象。一场优秀的销售演讲,一定是能打动和影响客户的。

众所周知,乔布斯的演讲具有世界影响力。每次演讲前,乔布斯都会精心准备。就拿他在发布会的服装搭配来说,黑色高领衫、蓝色牛仔裤、白色运动鞋,这些都是固定的。坦白说,这套服装非常低调,没有什么特别的地方,而乔布斯把这套服装打造成舞台标签的主要原因就是他不断重复穿。为什么这样穿?一是为了平时方便穿着(这是乔布斯的基本原则),二是向世人传达一种标志性的风格。

其实不仅如此,销讲还有很多的技巧。比如麦克风怎么握、开场怎么开、中场讲什么内容、案例怎么讲、费用怎么收等,这些都是有方法可循的。所以,企业中的销讲人员也必须参加培训以强化这方面的能力。

第六种能力,连锁复制的能力。有人说做连锁店,必须要研究麦当劳,因为麦当劳开遍了全世界。其实早期在国内也有一批企业,通过连锁经营的发展模式不断壮大规模,奠定了自己的坚实发展基础,比如国美、苏宁,以及现在的海底捞等。所以有人说,做连锁就是做复制。这句话说着简单,但它代表了很多中小企业目前扩大规模的一种根本性方式。

以往中小微企业向外扩张时,通常是老板懂行就行了,然后一家一家地开店,但这不是最好的办法。如果企业中有一批具备连锁复制能力的核心人才,那么开成百上千家分店和分公司都不是问题了。

当然,要成为这样的人才还要了解连锁店的总部如何建设,分店怎么规划,系统怎么构建,标准怎么划分,复制怎么实现,这些都是要学的内容。

第七种能力，直播带货的能力。在移动互联网时代，商品生产越来越多样化，传播手段也越来越多元化，其中，直播带货就给更多的中小微企业重新赋能。比如，李佳琦"双十一"与马云比拼直播卖口红，一举战胜马云。如今直播已经在越来越多的垂直场景中获得广泛应用。

如今，直播正在创造出一种新的销售模式，即 F2C 模式（Factory to Customer），这是一种从厂商到消费者的新商务模式。在这种新模式下，中小微企业主也要问自己这样几个问题：你的公司是否积压了很多库存？你的现金流是否有可能随时断裂？面对播商和其他电商的冲击，传统企业应该如何面对？你了解 F2C 模式吗？你了解你的竞争对手在做什么吗？你是否有具备直播带货能力的员工？

在这些问题中，你是否有具备直播带货能力的员工是很关键的一条。如何提高员工的直播带货能力？在如今这个人人都是网红的时代里，打造个人 IP（版权）、打造个人影响力，是提高直播带货能力最为重要的一种手段。

第八种能力，薪酬分配的能力。薪酬分配一直是很多中小微企业老板最为头疼的问题，也是每个员工最为关心的问题。没有建立公正、公平的激励机制的企业寸步难行。今天，很多中小微企业都在寻找具有薪酬分配能力的人才，这样的人才是企业制胜的法宝。关于更详细的内容，我会在后面关于薪酬设计的一章里面进行讲解，这里不再赘述。

如果你的团队"铁班底"中的人才具备以上这八种能力，你把公司交给他们肯定是没有问题的。这样的人才肯定是一名优秀的总经理，应给他们分股份，让他们拿利润的 60%，如果可以再复制 10 个这样优秀的总经理，你就能开 10 个分公司。

> **英灿点醒**
>
> 1. 老板缺的不是人，而是人才，而且是可以独当一面的人才。
> 2. 老板应把班底与自己捆绑在一起，形成利益共同体、精神共同体、事业共同体。

第三节　老板的唯一出路：先把自己变成人才

对于很多中小微企业来说，如果没有好店长，千万不要开店，否则即使开店也会赔钱。不是说你的门店面积大、装修豪华，就能赚到钱，关键是谁负责经营、谁负责管理，这个"谁"才是成功经营的关键。如果你没有好的总经理，也不要开分公司，否则即使开了分公司迟早也会关门。

很多人觉得我活得很潇洒，公司做得很大，其实在创业的过程中我也踩过很多坑。我在全国开过很多家公司，但也关过很多家公司。之所以出现这种情况，就是因为分公司的总经理不过关，分公司每天都是不赚钱的。

如果你本身不够优秀，那你最好也不要急着去创业，即使创业也会失败。很多人问如果聘用职业经理人经营和管理公司，会不会好一些呢？比如说，公司的销售不合格，就再招聘一名营销总监；公司的管理不合格，就招聘一名总经理；公司的技术不出众，就再招聘一名技术总监；公司的服务不周到，就再招聘一名客户总监。这不就可以了吗？

事实上，如果一名职业经理人能拯救公司，那他早就自己去做老板了。我们做过数据统计，90%引进的"空降兵"都以失败而告终。一个老板用"空降兵"的前三个月很兴奋，效果看似不错，但3~6个月后各种问题就会显现出来了。为什么会这样呢？因为中途引进的"空降兵"，在公司里是不被大多数人认可的，最后不仅他无法完成公司的工作，公司还要为他的离开而买单。

如果你作为一名老板，本身不懂招聘，不懂培训，不懂薪酬，不懂股权，不懂招商，不懂连锁，不懂融资，不懂直播带货，不懂流量变现，不懂品牌建设，不懂IP打造，不懂人设定位，就算你找到一名非常优秀的职业经理人，也是用不好的。这就好比你本身不会打篮球，你想找姚明一起来打篮球比赛，他一定不会承诺你能赢，因为你水平不行。

同样的道理，如果职业经理人水平超过老板，职业经理人根本就不会把老板放在眼里。他的眼神和言语会把这种感觉传达出来，导致公司里其他人都瞧不起老板，老板的权威自然就丧失了。试想一下，一旦老板的权威丧失了，组织就会失去生命力；一旦组织失去了生命力，组织就会倒塌；一旦组织倒塌了，公司自然也就倒闭了。

很多老板内心是纠结的，明明引进了一个高水平的职业经理人，可为什么公司最后却倒闭了呢？上面我说的这些都是其中的原因。

我在创办培训公司时，根本不懂销售，于是我就请其他讲师来讲课。对于优秀的讲师，我会拿出50%的利润给其作为奖励，除去成本和费用我自己只留下利润的15%，表面上看损失了不少利润，但最后对销售是有所助益的；对于水平一般的讲师，我虽然分配给对方的利润少，但最后反倒是赔得更多了。因为水平一般的讲师讲的课，学员根本听不进去。

为此，我开始分析原因，最后发现最关键的原因在于我不会销讲、不懂经营、不懂管理，可以说什么都不懂。后来，我每次多赚一分钱就会花出去一分钱，我把赚到的钱全部用于学习。我学好后，再把学到的知识复制给公司里的其他讲师。在这一过程中，我并不是要赚到很多钱之后再去学习，而是每次赚到钱之后就去学习，学习回来之后再把知识传授给讲师。这样循环往复了几年时间，我投入了很多费用，最终才打造了公司现在的八大讲师以及30多名落地服务的讲师。

作为老板，很多知识刚开始我也不会，我只能边赚钱边学习，然后再把学到的新知识传递给讲师和学员。如今，我懂得了如何做会销，如何使用股权，如何制订薪酬计划。正是因为我不断地学习成长，边干边学，边学边干，才赢得了公司所有人的尊重，同时公司也赚到了更多利润。

作为刚刚起步的中小微企业的企业主，你不要指望别人来拯救你，唯一的出路是先把自己变成人才。只有这样，你才有可能吸引更多人才、才能留住更多人才，并且能够用好人才。如果你自己不是人才，压根儿也吸引不到人才，同时也用不好人才，更留不住人才，因为你没有驾驭这些人才的能力。

作为老板，你的专业能力可能没有那么强，但是你一定要懂。

如果你连财务报表都看不懂，连利润都不会核算，那你肯定做不好老板。老板不但要学，还要带领自己的左膀右臂一起学，带领自己的核心骨干一起学，以此迅速提升他们的能力。你不用怕他们的能力超越你，因为他们不是"空降兵"，他们是你的"铁班底"中的核心人才，所以要鼓励他们超越你。

　　作为老板，你的能力不一定是最强的，但是你的胸怀和格局一定是最大的。什么样的胸怀才算大？那就是敢分钱。当你在拥有车和房子之前，你要让你的骨干先有车和房子。你去年的利润是100万元，这100万元可以不分。但是当你的"铁班底"今年帮你多赚了100万元时，你要敢拿出其中60%，也就是60万元分给你的"铁班底"，而你自己只拿40万元的利润。这就是老板的胸怀和格局。很多小企业之所以干不大，原因在于老板和老板娘"独吞"公司100%的利润，连超额部分都不愿分配给身边的左膀右臂和核心骨干，公司又怎么可能做大呢？仅靠工资和提成就能留住人才吗？不可能。因为每个经理人心中都有一个做老板的梦想，如果无法在你这儿实现，他就有可能跳槽或单干，独自创业。

　　作为中国综合实力极强的民营企业，华为成功的最大秘诀是什么？任正非这样表示：华为发展到今天，自己没做什么实质性的贡献，如果一定要说有什么贡献的话，就是在分钱的问题上自己没有犯大的错误。"钱给多了，不是人才也变成人才！"所以，我一直强调任正非是管理的真正高手。

英灿点醒

1. 没有好店长千万别开店，开了也是赔钱的。

2. 没有好的总经理千万别开分公司，开了也是亏钱的。

3. 老板不优秀千万别着急创业，否则创业也是要倒闭的。

4. 只有老板先把自己变成人才，才有可能吸引人才、留住人才、用好人才！

第四节　人品概念是小老板和大老板的分界线

很多刚创业的老板常纠结于"在打造自己的班底时，我要选择人品又好，还是选择能力强的"。有人会问："这还用纠结？为什么不选择人品好、能力强的人才呢？"事实上，符合这种情况的人才的确存在，但同样存在一些人品不错而能力不行的人，也存在人品不行而能力很强的人。面对这种情况，又该怎么办？

有的人认为，在公司里员工的能力固然很重要，但人品更重要，一定不能用人品差的人。也有的人认为，不能将人品不行而能力很强的人一棍子打死或全部否决，一定要客观理性地看待，招贤纳才并加以培养。

这些回答看上去都正确，但又都不正确。为什么这样说？因为我们一开始就陷入了一个误区，被"人品概念"限制住了思维。

当一个老板开始对人有人品概念时，更多的是其自私之心在作祟。我在培训过程中经常遇到这样的情况，很多老板请我去给员工做培训，让员工学会感恩老板、感恩公司，我怎么做？我通常的做法就是直接告诉这些老板：这是自私的表现。

为什么你要让员工感恩老板、感恩公司？这个顺序是相反的，你应该最先感恩员工才对，因为你的员工把自己的青春，甚至是一生都献给了公司。如果你的员工跳槽了，不要随意给对方扣上人品差的帽子。你应该思考的是，为什么你的员工不愿意和你一起工作、一起打拼了？

试想一下，你的员工想把家人接到身边来，想让自己的孩子读一所好学校，想给自己的爱人买一辆小汽车，但是他和你这个老板一起打拼了七八年了，结果自己还是没有赚到钱。他会不会伤心？他会不会想要离开？当他跳槽或者自己创业，你开始大骂他人品不好、不懂得感恩。作为老板，你有没有想过，一个员工之所以跳槽或单独创业，多数情况下都是因为老板没有做好！

有一个老板找我为他的员工做培训，当时他的公司运转并不好，而且欠员工工资一年多了。我建议他改变和成长，但他固执地认为造成这一切并不是他的原因，而是员工人品不好。当一个老板开始给员工、客户人品下定义的时候，相当于他把所有失败全部推卸给人品不好这个借口上，自己不改变、不成长，那么公司就会不断亏损。

其实，"人品"这个词是人造出来的，是人们为了少付出、多回报而创造出来扣在他人头上的帽子。只有小老板才会讲人品概念，真正的大老板用人从来不讲人品，因为他们能从人品的表象挖掘其背后隐藏的价值因素。

比如说，有的人认为"说假话"的人人品肯定不好。在我看来，

"说假话"最起码有三个优点：一是能随机应变；二是敢仗义执言；三是语言组织能力不错。这种类型的人比较适合做公关销售。

有的人认为"过河拆桥"的人人品不好，其实"过河拆桥"的人也有三个优点：一是他知道什么人该感恩、什么人不该感恩；二是他很有策略，头脑比较灵活；三是他既然能过河拆桥，自然也知道提前铺路，说明他做事情很有计划。这种类型的人适合做总经理。

有的人认为"六亲不认"的人人品不好，而我觉得这种类型的人比较适合做高级主管。因为他知道时间成本，不该认的亲戚就不去认，该见的人还得见，他不会浪费一分钟时间，计划性超强。

有的人认为"不思进取"的人人品不好，事实上这种人也有优点，他自己不思进取，但他知道如何用好人才，他能找到进步快的人帮助自己去做事。

> 在我的家族里面，他们习惯性地认为我不适合做事，认为我是个懒惰的人，是个不思进取的人，是个只会吹牛的人，但到了今天，我把过去吹的牛都实现了，他们再也不用过去的眼光看我了。

试想，没有人的懒惰哪有美团的诞生？没有人的懒惰哪有滴滴的诞生？没有人的懒惰哪有阿里巴巴的诞生？很多伟大的商业品牌的创立，都是基于一群懒人的需求，可以说，懒惰创造了巨大财富。

这个世界没有绝对的对错之分，也没有绝对的人品好坏之说，正如一个硬币有两面，翻过来、翻过去，人的缺点换个角度来看就可能是优点。

所以，人品概念是小老板与大老板的分界线。小老板都是看人品做事，大老板只研究人性。

根据马斯洛需求层次理论我总结了人性的三大需求，以及如何满足这些需求。一是对钱的需求，这时需要用薪酬体系和股权激励来满足员工对钱的需求；二是对前途的需求，这时需要用职业规划和战略规划来满足员工对前途的需求；三是对精神世界的需求，马斯洛需求层次理论告诉我们，人不仅有物质需求，更有精神需求，这时需要用企业文化来满足人对精神世界的需求。

总之，要想真正留住你的核心人才，一定要从他的需求出发，尽量满足他合理的需求。从钱的需求、前途的需求、精神的需求等方面不断激励和满足他，让核心人才真正成为你的"铁班底"！

英灿点醒

1. 人品是死门，人性是生门。

2. 有人品概念的老板身边无人可用，无人品概念的老板身边人人可用。

第五节　拼命成长，才是老板的命脉

俗话说"细节决定成败"，但我身边很多公司的老板都是因为太注重细节了，结果公司倒闭了。为什么细节不再决定成败了？

我们一起来看一看，一个企业如果要做好细节，需要从哪方面入手？细节包括很多，如薪酬的细节需要我们做好，做不好员工心里有意见了；定价的细节需要我们做好，做不好自己赚不到钱；产品的细节需要我们做好，做不好客户不满意；售后的细节需要我们做好，做不好会得罪客户；会销的细节需要我们做好，做不好课程就达不到效果、得不到收益……

还有股东合作、财务账目、工作环境，诸如此类。如此盘点下去，如果每个细节老板都亲力亲为，那老板真是就不用再做大事了，公司恐怕也早就倒闭了。

对于一个企业来说，薪酬没有做好，一定是老板的问题；成本控制不好，是财会的问题；产品做不好，是研发人员的问题；售后做不好，是客服的问题；服务做不好，是基层服务人员的问题；会销做不好，是会议总指挥的问题；办公环境不干净，是保洁的问题；员工素质能力不足，是管理干部的问题。

所以，企业里每个人都有自己的职责，并不是老板要负责所有的问题、要注意所有的细节。你应该记住，小老板才注重细节，大老板只把握命脉。

一定有人会问，什么是企业的命脉？有的人认为是利润，有的人认为是人才，有的人认为是战略，有的人认为是人心，有的人认为是分钱，也有的人认为是八大系统，还有的人认为是首富思维……

告诉大家，上述所有答案都是错的。老板不需掌握成千上万的细节，因为精力有限，老板只要掌握命脉就可以了，而所谓的命脉，就是老板自身的成长与进步。只有这样，一切才能在你的掌控之中。

什么样的人能成为老板？一定是有能力者。如果有一天你的手下能力超过了你，你会不会让位？如果你让了，你会不会不甘心？如果你不让，你没有能力，那手下那么多员工怎么办？

所以，这时老板唯一能做的不是考虑让和不让的问题，而是自己要拼命成长、拼命学习。当你的招聘能力、培训能力、销讲能力超过所有人的时候，你才有资格站在老板这个位置上，否则迟早有一天你会被淘汰。

老板自身不追求进步，每天要求下属去进步，将来一旦下级领导层的能力超过了你，你一定会被淘汰；一旦员工的能力超过了你，他可能会选择自己创业了。

所以，在员工成长之前，在干部成长之前，作为老板你一定要先拼命成长，这才是你要掌握的命脉。要知道，老板成长一点点，员工收入会增长好几倍。

英灿点醒

1. 员工成长一点点，企业成长一点点。
2. 老板成长一点点，员工收入翻五倍十倍，企业成长一大步！
3. 一切的力量来自我们内心中的梦想，不要怕那些梦想看似不可实现。

第六节　真正"铁班底"：由核心人到合伙人

有的中小微企业老板刚创业时常会遇到这样的尴尬，那就是家中有事，需要回家处理，可公司又走不开；一旦走开了，公司随时就有可能倒闭了。最后没办法，老板实在找不到合适的人，只好从公司里找两个能力稍微比其他员工强一点儿，相比之下更有责任心的人，来帮自己打理公司。

这些人此刻还不是你的"铁班底"，只是核心人，他们只是老板不在公司的情况下让老板稍微放心一点儿的人。为什么这样说？因为这些人依然是拿工资和提成的，他和老板并没有形成捆绑。这时老板需要做一件事情，那就是把这样的人变成自己的"一伙人"。

什么是"一伙人"呢？就是立场和老板一致的人，他们能站在老板的立场去控制成本，去管理员工，去开发市场，去做各个工程项目。

什么是立场一致？我用一个反面例子来说明。

有一次，一个小老板向我描述这样一个问题：在开会的时候，他手下有一名干部总会站出来为员工申请加工资。

这看似是一名知道为员工着想的好干部，可在我看来，这样的干部是不能留的。因为他每次提出这件事，都会让你站在员工的对立面。如果你答应增加工资，员工感谢的永远是那个为他申请加工资的干部，而不是你；如果你不答应，员工不满意的永远是你这个老板。

所以，替员工找老板申请加工资的干部，都是在置老板和公司于"死地"。因为这个人离职的时候绝对不是一个人走，而是会带走一批人。他找老板加工资只是表象，准备带一帮人走才是核心。这是什么？这就是立场不一致。

一旦老板犯了错误，和老板立场不一致的干部就会把老板的错误全部放大。比如，老板这几天一直在单位里加班不回家，有不知情的员工会怀疑老板和老板娘吵架了。这种情况，立场不一致的干部甚至可能会这样说："老板肯定是外面有人了。"而立场一致的干部会这样说："胡说什么，老板最近工作那么多，你没看见吗？"

和老板立场一致的干部都会维护老板，把老板的优点发挥到极致，会掩盖老板的缺点，把老板视作公司的神；而和老板立场不一致的干部，他喜欢讨论老板的缺点，一旦把老板的缺点放大，这个公司很快就没有了神圣感。失去神圣感的组织，也就没有了生命力，没有了生命力，组织很快就会消失，而组织一旦消失，公司离倒闭破产就不远了。所以，一个干部的立场，对于老板来说是非常重要的。

"一伙人"如何而来？你给员工送一辆车、送一套房子，员工就会和你的立场一致吗？当然不，这样做，员工只会暂时与你形成一致立场，但是完全经不住时间的考验。那么，如何才能实现立场一致？

一个人和谁在一起时间长了，其立场就会与谁保持一致了。所以，老板要发展自己的"一伙人"，就要做两件事：一是经常带核心骨干团建；二是经常带着核心骨干去上课、去学习。你可以每两到三个月带着他们出来学习一次，每次学三四天，白天上课，晚上开小会，大家可以讨论谁负责薪酬，谁负责营销，谁负责会销，谁负责招商融资，然后老板把每个人的任务安排下去。这样不仅老板解放了自己，而且干部的能力也得到了培养。在这个过程中，大家在一起学习，一起做事，思想一致，理念一致，心往一处想，劲儿往一处使。这样才能把公司做大、做强。

为什么老板每两个月要和班底出来学习两到三天，或是时常在一起做活动呢？人们常说夫妻相，就是说夫妻在一起的时间长了就长得像了，那么，老板和员工在一起也是这个道理。一个老板一定要以谈恋爱的心态和班底相处，也就是以恋爱之心与班底交心；一两年之后，这些核心骨干的想法就会越来越像你，他们的做法也会越来越像你，你就能复制出第二个老板、第三个老板、第四个老板、第五个老板，复制到了第六个的时候，你就完全解放了。因为和你相仿的人太多了，他们和你的想法一致、行为一致，你们的公司就会像印刷机一样，实现批量生产。

那这样的班底算不算是"铁班底"？目前这样还不够，你还要往前走，你不仅要把核心人变成"一伙人"，还要把"一伙人"升级为合伙人。

什么是合伙人？真正的合伙人是你中有我、我有中你。说得通俗一点儿就是，这个企业不是老板一个人的，而是大家的。真正的合伙人要把后路全部切断，因为没有退路的人是人才，有退路的人会是灾难。没有退路的人，能够破釜沉舟，有杀伐决断的勇气；而有退路的人，一旦公司有点儿风吹草动，他可能就会逃走了。没有退路的人，可以和公司有福同享，有难同当；有退路的人，只会和公司有福同享，有难不当。

当"一伙人"升级为合伙人，最后一步就是要将其升级为"铁班底"。所谓的"铁班底"就是合作一辈子的意思，此生我都交给你了；老板没有资格开除其中的任何人，这其中也没有任何人有资格开除老板。

一个老板只要有三五个这样的人才，构建起"铁班底"，他此生就会拥有花不完的财富，因为这个"铁班底"本身就是财富。但如果一个老板没有这样的"铁班底"，即使他取得了成功也只是偶然的、短暂的，其成功也只是昙花一现，因为他守不住。

英灿点醒

1. "铁班底"：你中有我，我中有你。

2. "铁班底"：老板没有资格开除其中的任何人，这其中也没有任何人有资格开除老板。

3. 人贵在自信，从你拥有自信的那一刻起，你的生活将开始慢慢改变。

第七节 打造"铁班底"：实现利益和精神双层捆绑

一个老板伟大与否不在于老板本身，而在于其手下的高管；一个员工探讨老板的问题绝不是老板个人的问题，而是老板的左膀右臂的问题。这就如同一盘棋，老板是将和帅，班底是车、马、炮，将和帅一旦遇到问题，一定是车、马、炮出了问题。

如何打造"铁班底"呢？主要靠两个字——捆绑。捆绑是什么？捆绑就是一条船上的蚂蚱，要死一起死，要活一起活。当一个公司的核心班底和老板之间没有办法捆绑在一起，力量没有办法凝聚成一股绳，这个公司迟早是要分崩离析的。当一个公司所有的骨干和老板形成一块铁板，无孔不入，那所有的问题都不是问题了。这就是班底的力量。

一个老板要想打造"铁班底"，一定要进行两个捆绑：一是利益捆绑，打造利益共同体；二是精神捆绑，打造精神共同体。下面我们分别讲一讲这两个捆绑是怎么做到的。

1. 利益捆绑，打造利益共同体

为什么很多企业留不住人？打造不了"铁班底"？主要原因是企业只支付员工底薪和提成，而没有对其他的利益进行捆绑。真正的利益捆绑分为五部分，即薪酬捆绑、分红捆绑、期权捆绑、股权捆绑、创业捆绑。下面我们将仔细分析这五部分各自的具体含义。

第一，薪酬捆绑。

不成熟的老板都是从工作开始的，成熟长大的老板都是从利益开始的。这就好比两个人有生意上的往来，大老板一定是先谈生意后交朋友的。只有完成了生意上的合作，才和对方从谈判桌走到咖啡桌上，才能在一起愉快地聊天。而有的小老板总是先交朋友，再去谈生意，结果很多时候不仅朋友没有交成，生意也没谈成。这是很多中小微企业老板的通病。

对于大老板来说，在生意没做成前即使坐在一起闲聊心里也是不舒服的，因为他始终想着如何把单签了。所以一定要先做生意再交朋友。那交什么样的朋友好呢？一定要交高质量的朋友，朋友不在于数量而在于质量。什么叫高质量的朋友？就是身价高的朋友，能做好生意的朋友。

一个人要想事业腾飞，必须要适时地更换环境。有时，老环境没办法让你腾飞，只有新的环境才能让你腾飞。朋友不一定要数量很多，但是一定要质量很高。只要你身边有几个有价值的朋友，那么你的价值不久也能体现出来。因为你能模仿他们的思维模式和行为模式，他们会给你更多有价值的建议。

所以，我一直强调，小成者都是听有道理的，大成者都是学有结果的。交友也是这样，你一定要交结果好的人！

怎么样判断"铁班底"里面谁的结果好？很简单，看他的收入就知道了。员工工资该如何设计，干部工资该如何设计，班底工资该如何设计，基本工资该如何设计，提成该如何设计，分红该如何设计，超额激励该如何设计……这些问题都是要与薪酬挂钩的。

第二，分红捆绑。

所谓分红就是不掏老板口袋一分钱，却能激励大家做得越多、分得越多，用潜能向市场要红包。分红通常会分为两种。一是月度分红，可能会有老板问，月度分红是分销售额还是分纯利润？我的原则是能分利润就不分销售额。纯利润等于销售额减成本和费用。可能有的企业算不出利润来，也可以拿超额部分的业绩来分。二是年度分红，年度分红跟月度分红顺序是一样的。它的好处是，将核心班底和老板捆绑，形成一条心，员工不再跟老板提条件加工资，而是向市场要红包。

通过分红捆绑，一层绑、两层绑、三层绑、层层绑，实现终身绑定。

第三，期权捆绑。

所谓的期权捆绑，就是说虽然我现在没有钱，但只要你跟我干，未来我会给你更大的好处。下面我教大家的方法是，如何不花老板一分钱，却能让公司干部买车买房。

这个方法分为三个步骤。

步骤一：干满三年，业绩达到×××，送他车或房。

步骤二：干满五年，业绩达到×××，送他好车或好房。

步骤三：干满八年，业绩达到×××，送他豪车或豪房。

为什么很多老板想捆绑核心干部却都不成功？因为他工资发不出来，更没有月度分红、年度分红、期权分红，车和房子更是员工遥不可及的梦想，这样怎么能留住人才呢？

为什么我能留住人才？因为我敢送，但绝对不是因为我有钱才送车和房，恰恰相反，因为没钱我才送。为什么我敢送？因为我的格局大，我的胸怀大。胸怀大事业大，格局开万物开。胸怀大是表象，眼界广才是核心，站得高看得远。

第四，股权捆绑。

所谓的股权捆绑，就是将公司内外独当一面的人才捆绑在一起，只干一件大事。如果不对这些人才进行捆绑，他们很可能会成为你的对手。

就拿我自己的公司为例，我们公司的核心班底，如果不对他们进行捆绑，他们任何人出去都可以单独创办一家公司，会成为我的对手。所以，与其让他们出去，倒不如我直接把他们和我捆绑在一起。那么，企业主该用什么对这些核心人才进行捆绑？股权捆绑就是最好的办法。企业主要把这些全部写在合同里，进入标准、退出标准、分红标准全部要签好合同，这些事情做不好，你的股权就会变成一团糟。

第五，创业捆绑。

什么是创业捆绑？举例来说，我不赚1个店的100%，只赚10个店的40%，把60%给那些有经营管理能力的人才；或者我也不赚10个店的40%，我只赚100个店的30%。

为什么要这样做呢？因为这些人才本来就有经营管理能力，

49

本来就能独当一面，你如果不给他60%，他自己可以做到100%，而我给了他60%，我还可以得到40%。这就是创业捆绑。

2. 精神捆绑，打造精神共同体

当利益捆绑完后，老板还要解决班底精神层面的问题，把员工提升到更高的精神境界。跟老板一起去"渡"客户，客户自然满意；去"渡"人才，人才自然复制出来。把公司的使命、愿景、价值观，老板的发心变成企业文化，把老板的价值观变成企业的价值观，把老板的愿望变成企业的愿景，将企业文化深入每个人的头脑。

为什么老板在公司时大家拼命干活儿，老板不在公司时大家玩儿手机？因为老板走的时候带走了作为老板的威严。其实，老板可以离开公司，但是记得，在离开公司之前，把发心、使命、伟大的理想、吃苦耐劳的精神及安家立命的经验留在员工的头脑深处，这样企业才能真正发展起来。

老板一定要有思想，且思想要达到一定深度，才能成为一个有精神的人。要想有思想，就要多学习，那学成什么样呢？一是要么不学，要学就只学能解决当下困惑的学问；你不要学太远的，也不要学过去的。二是要么不学，要学就只学能创造结果的学问，而不是不能落地的学问。三是要么不学，要学就只学能"一口气冲上岸"的学问。什么是"一口气冲上岸"？即实现营收过亿，干部买车买房，企业自动运转，老板彻底解放。

当老板的有了思想，这时就可以开始打造精神捆绑了。这里我给大家三个建议，可以教大家"一口气冲上岸"。一是百万级的老板花收入的90%来学习，才能进入千万级；二是千万级的老板花收入的10%来学习，才能进入亿万级；三是亿万级的老板花收入的1%来学习，才能基业长青。

老板在离开公司前，记得把自己的使命、愿景、价值观、发心、理想变成一个个故事，而这些故事都是真实的，用故事的形式把使命、愿景等传播给你的企业员工、传播给你的客户，继而传播到市场中。

世间一切故事都是设计出来的。所以，作为一名中小微企业的老板，做人必须高调，做事也必须高调。因为酒香真的怕巷子深，你不高调就没有人认识你，你不高调就没有人认识你的产品。

老板该如何高调？一定要学会讲故事。怎么讲故事？通常，故事有两种。一是老板的故事。一开始讲过去的辛酸经历和苦难，讲得越惨越好；接着讲初心只是为了赚钱，因为穷怕了；后来发生什么事儿让自己想为这个社会做点儿什么，并且找到人生方向，继而有了使命感、愿景和价值观；最后讲自己的决心是什么，想成为什么样的人，决定做什么事儿，决定把自己的下半生交给谁、交付给什么事儿。这里有一个关键点很重要，那就是决心。二是班底的故事。可以讲自己是如何接触认识老板的，老板身上的什么特征特别吸引人，我为什么放弃其他优惠待遇选择跟老板干，我的决心又是什么。

我们知道，马云是极会讲故事的企业家。马云最初是不懂技术的，因此不与人谈技术，他只谈互联网，这是他的强项，他会给人描绘未来会发生的美好故事。他讲的故事吸引来了蔡崇信，吸引来了关明生，吸引来了那么多的合伙人，这才成就了今天的阿里巴巴。我也希望每个中小微企业主，也学会讲故事，讲好自己的故事，给自己的人生在时代背景上增添一抹辉煌的底色！

英灿点醒

1. 小老板先交朋友后做生意，大老板永远都是先做生意后交朋友。

2. 普通老板给员工定任务，高手老板从不定任务，只定分配机制。

3. 成功者总是先相信后看到，普通人先看到才相信，失败者看到了还怀疑。

阅读思考

1. 你是如何讲自己的故事的？

_____

_____

2. 你的班底成员是如何讲述他与你之间的故事的？

_____

_____

第三大系统

客户定位：企业的战略核心是客户定位

现代管理学之父彼得·德鲁克表示：企业的目的就是创造顾客。如果没有顾客，企业和产品根本就没有存在的意义。对于一个企业来说，准确定位自己的客户，是企业成功的关键所在。为什么很多小微企业很长一段时间成长缓慢？最大的原因是其根本不清楚或不确定自己的客户是谁。管理学中有这样一句话：战略是方向，定位是取舍。如果你不知道你的方向在哪里，你怎么去定战略？如果你不做好客户取舍，怎么去定位？你只有知道你的客户是谁，你才知道去哪里打仗，往哪里冲锋。这也是所有小微企业的战略核心。

第一节　南园海鲜的故事：定位不准，必然亏损

美国著名营销大师菲利普·科特勒认为：营销上最大的错误是试图去取悦所有人。为什么这样说呢？因为每个客户的需求都是不一样的，你有你的需求，我有我的需求；只要存在两个以上的客户，需求肯定是不一样的。由于客户需求、欲望及购买行为是多元化的，客户需求满足也会呈现差异化。

现在是移动互联网时代，未来是智能商业时代，客户的需求会越来越细化、越来越个性化，这是时代发展的必然。作为小微企业的老板，如果你还想让自己的企业在未来的赛道里保有一席之地，你现在就需要重新审视你的客户究竟在哪里。

以餐饮企业为例，我在培训过程中遇到过很多小微餐饮企业的老板，他们几乎都有这样的疑问：自己的营销活动、推广活动平时一样也没有少做，可为什么却没有把自己的品牌做起来呢？出现这样的情况有两方面原因：一是品牌本身

是在动态中发展的，不是静态的；二是你不知道你真正的客户在哪里，你只是想到什么就去做什么，这样的营销手段充其量也只是花钱买教训而已。

1. 定位不准，必然亏损

对大多数小微餐饮企业来说，"定位"已经成了餐饮老板嘴里最常提到的词了。因为在这个时代，定位就是小微餐饮企业的战略性选择，也是它们在餐饮市场中竞争的法宝。但我要说的是，定位不是谁都能做好的，精准定位，销量翻倍；定位不准，必然亏损。南园海鲜的案例就是最好的说明。

有一次我在赤峰讲课，有一个72岁的奶奶听完我的课之后，找我拜师。一个70多岁的老人为什么想拜我为师呢？我起初是坚决不同意的，最后老人执着的态度感动了我。但最终我没有让老人拜师，而是选择担任老人的企业经营顾问，帮她解决企业的问题。

这件事儿对我而言最大的困惑在于，这位70多岁的老人为什么要执意拜我为师呢？后来我问她原因，她说她从41岁开始做生意，一直做到现在。虽然老人做了30余年的生意，但是她到最后根本就没有剩下多少钱。

我很不解，因为一个人能做30年的生意，她的企业在小微企业算是长寿的企业了。直到老人说出了背后的原因，我才恍然大悟，原来老人赚来的所有的钱都被两个儿子做生意给赔掉了。她想拜我为师，就是想让我给她的儿子支支招。

后来这位老人带我去看她儿子的企业。她的儿子有一家海鲜店，专门做海鲜自助生意，99元/位。当天她的儿子就在海鲜餐厅的隔壁南园中餐（也是她们家的饭店）和我们一起吃饭。

席间，大家聊开了。他让我帮他就这个店的问题提一提建议。我指着这个饭店对他说："你的这个饭店不超出三个月肯定倒闭，这不是我在危言耸听。"他听后很震惊，当然也很不服气，追问："为什么我好好的饭店不出三个月就会倒闭呢？"

我直接问他："你是先开的中餐店还是先开的海鲜店？"他说最先开的是海鲜店，也就是南园海鲜。南园海鲜一直开了很多年，在当地人心目当中，南园等于海鲜，海鲜等于南园，生意还不错。后来他见海鲜店的生意不错，于是就在隔壁开了这家叫南园中餐的饭店，主营炒菜业务。

这里问题就出现了，人们来南园就是为了吃海鲜的，结果他又开了一家中餐店，没有消费者愿意到这里来体验消费。为什么？因为消费者更喜欢简单的、直接的。这就好比可乐有可口可乐还有百事可乐，但是可口可乐跟百事可乐还不一样，它们的定位是有区别的。

回过头来，我们再来分析我断言这家南园中餐在三个月内会倒闭的原因，其实，它的资金链是连接不上的。为什么连接不上？因为没有消费者来这家饭店吃饭。这叫什么？其实这就叫定位不准，必然亏损。一个品牌名字绝对不能做两个品类，这是行业大忌啊。南园等于海鲜，那南园绝对不能再做中餐。品牌一旦延伸，就有可能会形成灾难。

2. 品牌延伸是一种灾难

对于小微企业来说，如果曾经做亏损过，那与你的定位不准确有很大关系，主要是你的方向错了。不要以为你的生意做好了，就可以去延伸。就连马云的阿里巴巴这种超级企业都不去做品牌延伸，何况我们这些小微企业。

我们看阿里巴巴有好多业务品牌，如淘宝、天猫、支付宝、余额宝，到如今的钉钉、盒马鲜生，但在这些品牌里，每个品牌只能卖一类产品，绝对不去卖两类产品。因为消费者最讨厌复杂、混乱。

所以我说，品牌的延伸容易出问题，一个品牌绝对不能做两类产品，只要做两类或两类以上的产品，肯定面临着资金链断裂的问题。毫无疑问，因为没有人愿意来买，因为消费者怕困难，烦复杂。

> 百事可乐想在可乐市场里分一杯羹，但因为可口可乐一直宣传有百年秘方，所以百事可乐不能再这么宣传，就算宣传了消费者也不会相信。于是百事可乐重新做了定位，砍掉与可口可乐相同的定位因素，把客户定位在年轻人身上。对此，百事可乐还打出了相应的广告："百事可乐，新一代的可乐，年轻人的可乐！"
>
> 可口可乐一直宣称是拥有百年秘方的，说明它是比较古老的；百事可乐就等于年轻态的可乐。也正因为定位的调整，百事可乐获得了巨大成功，拥有了和可口可乐正面较量的机会，市场份额直逼可口可乐。

在产品同质化的今天，先进入市场的品牌往往能够占据天时地利人和诸多因素，一上来想怎么做就怎么做，反正客户以前也没见过，如同早期的可口可乐一样。之后再进入市场的产品，本身就处于劣势，如百事可乐，想要再和可乐界的"领头大哥"可口可乐一决高下，结果必然很难，好在百事可乐能及时地调整客户定位，才能转危为安。

这个时代是分工越来越精细化的时代，无论是传统企业还是互联网企业，无论是大型企业还是小微企业，制定好企业战略必须要走好第一步，那就是做到精准的客户定位。只有找准客户定位，你的利润才会翻倍。

英灿点醒

1. 品牌一旦延伸，就有可能形成灾难。
2. 定位不准，必然亏损。

第二节 定位目的：让产品印在消费者的脑海

通常情况下，一个人的大脑最多能容纳同类产品的七个品牌，不信你可以数数身边能叫得出名字的牙膏品牌或矿泉水的品牌，看是不是这样的情况。牙膏如此，矿泉水如此，其他如汽车、饭店、服装、餐饮、教育培训等产品品牌也都是如此。

之所以讨论品牌的问题，是因为它与未来市场是有很大关系的。现在，我们来探讨一下未来的市场会在哪里。有的人觉得传统的门店是不可能了，互联网时代下的线下产业会逐渐被线上产业所代替，所以未来的市场一定是在互联网上。

未来的趋势是互联网上的交易，但是如何在偌大的互联网上找到属于自己的市场？怎么能让人快速记住你？我认为未来是分工精细化的时代，未来的市场一定是在消费者的脑海里。客户记不住你的品牌，他肯定不会买你的产品；只有客户记得住你品牌的名字，他才有可能来购买你的产品。

真正的商标不是注册在工商局，而是在消费者的脑海里。在这个时代里，谁能让对方看一眼、听一句，此生难忘，谁就可以成为未来的真正赢家。在财富的竞争管道里，企业若没有办法把品牌名称印在消费者的脑海里，最后一定会输。

现如今，同类产品的市场竞争太激烈了，产品多如牛毛，这时的你不要去研究顾客需不需要，而要去研究顾客为什么会选择购买这一产品，做好产品定位才是关键。定位的目的是让你的产品印在消费者的脑海里，使之成为消费者购买的首选，成为消费者的第一选择。需求是顾客要不要，而定位是顾客选哪个。那么，如何让产品印在消费者的脑海中呢？我给大家介绍三个方法。

1. 成为行业第一

当消费者去超市或直播间买东西的时候，同类产品那么多，那消费者通常会选择哪个品牌？答案是行业第一品牌。公司产品一定要力争成为行业第一品牌产品，只要你是行业第一品牌，消费者有极大的可能会选择你。

大家还记得当年"脑白金"那个"今年过节不收礼，收礼只收脑白金"的广告语吗？很多人一看到这个广告可能马上就换台了，但每次逢年过节回家，到超市不知道买什么孝敬父母的时候，你通常会不由自主地选择"脑白金"。不管你爱不爱看，不管你喜不喜欢，企业的目的已经达到了。企业要的就是你烦，要的就是你能口口相传。因此，从第一品牌的打造上，"脑白金"无疑是非常成功的。

2. 成为行业唯一

各个行业已经有第一了，而且都是用钱和时间砸出来的。一个小微企业是很难再往行业第一冲了。当你成不了行业第一的时候该怎么办？你要做第二种选择——成为行业里的唯一，也就是说我可以做细分领域的第一。

什么是细分领域里的第一？比如说，我不做木门的第一，但我做实木门领域的第一；我不做全国培训行业的第一，但我做西南区第一；我不做管理培训第一，但我做商业培训第一；我不做补习班的第一，但我做英语培训第一……所谓"唯一"就是没有选择的意思。你只能选我，这就是唯一性。当一个产品具备了唯一性，就变得非常值钱了。

为什么"褚橙"那么贵？因为全世界只有一个褚时健。

大家买的不是橙子，买的是褚时健的精神。褚时健的精神是唯一的，"褚橙"也就具备了唯一性，所以"褚橙"更受欢迎。

所以，不管是大企业，还是中小微企业，老板都要想办法把自己的产品打造成唯一。只有这样，你的产品才有可能会成为爆品。

3. 给消费者一个非买不可，而且只买你的产品的理由

当你不能成为行业第一，也不能成为行业唯一的时候，你就只有第三种选择了，就是给消费者一个非买不可，而且只买你的产品的理由。

如何给消费者一个非买不可的理由呢？我认为"一句话营销"是最好的。大家知道我每天脑袋里都在想什么吗？很简单，就是在研究"一句话营销"。大家有没有发现全世界卖得好的产品都是一句话卖出去的，因为消费者基本上是没有时间去听你说两句话的，三句话通常就等同于废话了。

就拿我们经常听到的广告语来说，"脑白金"是"今年过节不收礼，收礼只收脑白金"，"格力"是"好空调格力造"，"王老吉"是"怕上火喝王老吉"，等等。不难看出，所有这些爆款营销广告都是一句话。如果你的业务员出去解释你的产品时，要用三句话才能把产品解释清楚，那你的销量是根本做不起来的。

以上三个方法，只要做好其中一个，销量肯定就会火起来。

英灿点醒

1. 定位的目的，是让你的产品印在消费者的脑海，成为消费者购买的首选，成为消费者的第一选择。

2. 让产品印在消费者的脑海中有三种方法：一是成为行业第一；二是成为行业唯一；三是给消费者一个非买不可，而且只买你的产品的理由。

第三节 从"我是谁"到"我的渠道"：精准定位六步法

这么多年来，很多老板在听了我的课后都想通过一句话来卖掉自己的产品，可是具体怎么去操作，他们又不是很清楚。于是，很多客户回过头找我要方法、寻对策。

有一个小伙子，他自己开了一个叫精品果蔬的小公司，专门在菜市场卖菜、卖水果。他在28岁时走进了我的课堂。听完我的课之后，他说："英灿老师，您能帮我策划一下吗？我怎么才能用一句话把我的蔬菜和水果都卖掉，而且顾客只买我家的，不买隔壁的。"

我当时也很好奇，就问他："你卖菜的时候也需要一句话营销吗？"这个小伙子坦诚地说："老师，我真的非常需要，不然很多客户来到我家，只是摸一摸、看一看就走了。"为此小伙子很郁闷。

后来我教给小伙子一个方法，让他按着这个方法操作，就能一句话把菜卖掉。这个方法叫精准定位六步法，具体是这样的。

1. 我是谁

"我是谁"，即我的公司或产品的名字是什么。大多数情况下，普通的销售人员每天研究的都是内容，而真正的营销大师80％的时间都在研究名字。

名字对于公司或个人来说很重要。大家都知道天王刘德华，但是却很少有人知道刘福荣。刘福荣很长一段时间一直跑龙套，无论怎样都"火"不起来，直到把名字改成刘德华，一下子就"火"了起来。还有，几乎所有人都知道成龙是谁，但是却没有几个人知道陈港生。当陈港生改名成龙之后，很快就"火"了起来。

所以，一个人的名字很重要，一个企业的名字也很重要，一个产品的名字更重要。公司或产品的名字，可以体现出你的身份和地位。

好名字怎么起？好名字一定要给对方留下好印象吗？我倒觉得好名字不一定是非要有好印象，只要留下印象就可以。一个老板偶尔要学会给自己增加一点儿"绯闻"，让大家知道你是谁。那什么是绯闻？有的人说你好，有的人说你坏，这叫绯闻，只有这样市场才会对你有所印象。

2. 我的优势是什么

什么是优势？只有我有而竞争对手没有的，这就是优势。小微企业主要记住，没有优势，千万不要做生意，否则迟早会赔钱。

就拿拜师来说，有人说："外来的和尚好念经"，所以中国足球队请来了很多外国教练，以外国教练为师，结果还是踢不好。当别人再对你说"外来的和尚好念经"时，你也要了解"本地的和尚更了解风土人情"，很多外地的东西拿来是用不了的，你要从中找优势。

很多人说我要拜师的话绝不拜年轻人，最起码拜个七八十岁的老师傅。那么我告诉你，拜个七八十岁的老师傅你可能什么都学不到。因为老师傅用了几十年的经验才做到今天的地步，甚至有的经验早已经跟不上时代形势了。而很多年轻人用几年的时间就迅速把自己的企业做得很大了，他们善于把握时代的脉搏和特点，准确抓住机会。这么一说，你觉得这两种师傅哪个更厉害？哪个更有优势？答案一定是年轻人，年轻的师傅更有优势。所以拜师时不要在意年龄，而是要看重对方的实力。

3. 我的价值是什么

我真正需要的是什么样的人来听我的课？我需要的是实体老板，因为未来的 10 年是门店的黄金 10 年。如果你手上有 100 家门店，你就会有 100 个渠道，你就可以找厂家对接产品，然后赚取中间的差价；而那些做代理和批发的人，其末日也将来临了。

为什么会这样？因为现代社会的信息是透明的，尤其是汽车市场，就连出租车司机都知道一个零件卖多少钱，所以这中间的代理商和批发商一定会在不久的未来里消失，他们的价值远不如从前了。因为抖音、快手、视频号、F2C（从厂商到消费者的电子商务模式）直播带货的崛起，产品直接从工厂到达消费者手里，价格便宜一半都不止，省掉省代、市代、县代，甚至门店，产品直接到达消费者手里，商家利润更高、消费者得到更大的优惠，还需要中间商做什么？

如果你还想在这个时代生存下去，你就需要了解你的价值在哪里，你能为别人提供什么样的价值。这些才是最重要的。

4. 我的客户对象是谁

随着互联网时代的到来，经济飞速发展，市场也日益成熟，而且市场的划分也越来越细，每个服务都要面对各种各样的需求。企业主应该根据产品内容和服务内容选择不同的客户对象。此外，企业主要明确客户对象是谁，是男性还是女性，生活在哪个城市，年龄是多少，性格特征是什么。所有这些你都要清楚，把这些资料整理归档并建立档案库。只有研究了客户对象，你才能有针对性地展开营销并收获成效。

5. 我能提供什么产品

要对引流产品、锁客产品、追销产品、暴利产品进行分类。就拿引流产品来说，作为引流产品，效果一定要明显、快速，要有震撼力、冲击力，超乎客户的心理预期，这样才有足够的吸引力；作为引流产品，因为客户还没有足够的信任度，所以价格一定要非常低，客户才敢于尝试；引流产品的使用方法一定要特别简单，客户看一下，就能用得非常好；追销产品的关联性一定要强，这样后期的跟进与服务才能水到渠成！其他产品也是一样的道理。当你把这些问题在心里都盘算好了，你才能知道：我究竟能为我的客户提供什么样的产品。

6. 我通过什么渠道寻找客户

一个企业的员工通过什么样的渠道寻找客户？通常这包含了两种方式：一是根据产品的特点，提出有可能成为潜在客户的基本条件。这个条件界定了产品的客户群体范围、类型及推销的重点区域。二是根据潜在客户的基本条件，通过各种线索和渠道，来寻找符合这些基本条件的优质客户。通常第二种方式是最为重要的，就是通过客户寻找我的客户。因为你的客户才是最有发言权的，你的客户才是下一个客户最好的介绍人。

回答完上面六个问题,你就知道企业给客户留下什么印象了,紧接着"一句话营销"就出来了。所以,"一句话营销"不是凭空想象的,是有根据和依据的。经营企业就是经营印象,印象就是财富,财富就是印象。

你给别人留下什么印象,对你来说是很关键的。比如,提到新东方,你会想到英语培训;提到樊登,你会想到读书会;提到罗辑思维,你会想到罗振宇。这就是印象,而印象就是财富。

未来不是打造企业 IP 的时代,而是打造个人 IP 的时代。每个企业都会有自己的精神领袖,而这个领袖只代表这个企业。比如,一提到阿里巴巴,自然会想到马云;一提到联想,自然会想到柳传志;一提到海尔,自然会想到张瑞敏;一提到华为,自然会想到任正非;一想到老干妈,自然会想到陶华碧;一提到褚橙,自然会想到褚时健……所有的这些都是印象在起作用。如果你不能给顾客留下印象,自然是想不出"一句话营销"的。

通过精准定位六步法,我们能通过印象来策划"一句话营销"。现在我们回过头来再说刚才卖菜的小伙子,通过精准定位六步法我帮他梳理了这六个问题。

第一,我是谁?我的名字叫×××。

第二,我的优势是什么?我只有 28 岁,跟其他大爷大妈的水果店不一样,我能在 30 分钟内将果蔬送达,否则免费。

第三,我的价值是什么?让居民吃上放心的水果、蔬菜。

第四,我的客户对象是谁?广大居民。

第五,我能提供什么产品?新鲜的水果蔬菜。

第六，我通过什么渠道寻找客户？微信、店铺、老客户转介绍等。

最后我给他策划的"一句话营销"是：指尖上的水果店，30分钟送达，否则免费！

这个方法适合所有小微蔬果店主吗？肯定不。因为小伙子所在的地区可配送范围比较小，如果是配送范围大一点儿的城市，30分钟送达否则免费的承诺肯定是行不通的。所以，他的这种方法只能适用于同等类型或是更小的城市，在大城市仅靠自身力量是实现不了的。

英灿点醒

1. 经营企业就是经营印象，印象就是财富，财富就是印象。
2. 未来不是打造企业IP的时代，而是打造个人IP的时代。

第四节　某教育机构的裂变之旅

分店怎么开，如何让分店产生裂变，这也是企业老板应该关注的一个事情。因为现在大多数企业都在开分店，这样能激励员工和整体的股权分配，会让员工积极行动起来，最终你才能在同行业中脱颖而出，成为行业中的佼佼者。

在一个小城市，有位老师开办了一所教育机构，但是没多久该教育机构的招生就出了问题。后来，这个老师来找我学习如何解决招生的问题以及如何巩固老师队伍。因为老师的流失很严重。现在我们来看一看，我是如何帮助这所教育机构进行策划的。

1. 客户定位

在客户定位上，我把该机构定位为"艺术家的诞生基地"。我们先不管这所教育机构教什么，当我们把广告词打出去，家长一定会非常感兴趣，会过来参观一下。只要来参观了，招生的机会就来了。这就是定位的重要性。

2. 战略规划

在战略规划上，我给该教育机构做了5年战略规划：5年后做到10所分校，学员达到6500人，老师达到200人，预算达到2000万元，固定资产达到4000万元，无形资产达到1000万元，培养校长20人，培养预备校长20人，培养分校校长10人，培养预备分校校长20人，培养股东20人，培养预备股东10人……所有这些都要细致地纳入战略规划。我建议该教育机构未来5年要全部实行数字化标准，做生意就是做数字游戏，一定要清清楚楚。

3. 组织架构

在组织架构上，从老师、助理主任、副主任、教学主任，到副校长，再到总校校长，最后到学校董事会，我都帮其做了架构调整，实现了条条大路直通学校董事会。

老师分为 3 个层级，即基层、中层、高层。每层又分为初级、中级、高级。老师的工资根据层级划分，使每个老师都有晋升的动力；老师可以升为副校长，可以升为校长、中心校长，可以进入校长会、股东会，人人都有成为股东的机会。所以，虽然该教育机构是民办学校，但是对老师的吸引力不低于公办学校。

我们厘清了包括常务副校长、校长和校长助理在内的每个老师的岗位职责。我们还协助梳理了所有学校的招生体系，以及课程体系；此外，我们还设计了老师的晋升标准，将这些全部明示出来，有晋升、有下降，干得好的升职，干不好的降职，所以所有老师都会拼命工作。原来老板辛苦，但收效甚微，当这个体系建立起来，老师乐于工作，老板就不那么辛苦了。

当这套体系建立起来，该教育机构缺老师的问题就解决了，甚至还有个别其他学校的老师也想来应聘，整个城市的优秀老师都想来这儿工作。

4. 解决招生

我们是如何帮这一教育机构解决招生问题来打造学校的赚钱模式呢？

大家都知道，教育培训机构急需解决的问题是什么？很简单，一个是招人，另一个是招生。哪个更重要？我认为招生比招人更重要。因为你如果没有学生，只招来一批老师，就会无形中增加成本。你把招生问题解决了，手上就有钱了，就可以双倍甚至是三倍工资招来更优秀的老师，而招聘的老师越优秀，你招收的学生就会更多。所以，招生是教育培训行业一切问题的命脉。

可为什么很多教育培训机构的招生问题是老大难呢？因为教

育培训机构有一个共同特征，那就是要面子。因为从事教育的人员通常是学历很高的，他们要面子，从不愿意放下身段去做营销，这是所有教育培训机构最大的弊端。

我们在调查这一教育机构时，发现其虽然开办了学校和早教中心幼儿园，但是有几个钱没有赚到：一是学生报特长班的钱；二是一次缴费三年的钱。很多幼儿园都是按月收费、按学期收费，这是最大的问题。所以，你的学费一定要一次性收三年，这样学生就不会轻易流失了。当然，如果国家的相关政策有所改变，机构也应做出相应的调整，必须符合国家的招生政策。

孩子的学费往往是从幼儿园时期开始产生的，抓住了起点就是抓住了终点。教育培训机构除了赚幼儿园的学费，还可以赚小学补习班的学费，还可以赚中学补习班的学费，还可以赚孩子报名特长班的费用，包括音乐特长班、体育特长班、美术特长班等。

想要赚到这些钱，机构必须解决一个根本问题，那就是招生。可是很多机构对于这个问题有疑虑：我该怎么招？从哪儿招？谁是我的客户，家长还是孩子？

现在市场上很多教育培训机构根本就不懂营销，天天给孩子讲课，却从来不给家长讲课。在今天这个大环境下，孩子感觉好是没有多大用处的，只有家长感觉好才是真好。

家长来了之后，我们该怎么和他们进行互动呢？我给出了三点建议：一是设计一堂亲子教育课；二是定位客户，要清楚认识到三岁以前的孩子的家长就是自己的客户；三是跨界整合，捋清谁会接触自己的客户，再去接触他们。一个城市有哪些单位可能会接触到潜在客户呢？儿童乐园、儿童服装城、儿童玩具城……

这些地方的人接触我的潜在客户，我要想办法把这些人的工作地点变成我的招生办。

兼职招生怎么办？机构可以向每个联盟商单位发放有价值的亲子教育门票，作为推广课、体验课，让家长感受课程效果。然后再研发四堂专门针对家长的课程，作为报名后的增值服务送给家长和孩子，提供正常教学以外的附属价值，大大增加了教育机构的价值，使家长有更多理由选择你。当然，所有承诺必须兑现，让孩子成长的同时家长也一起成长。这样可以凸显机构优势，与其他机构区别开。

第一堂课：种子的力量。

什么叫种子的力量？比尔·盖茨七岁时认识了IBM的董事长，种下一个种子叫世界级的企业家。这一切都是种子的力量。

给孩子播下种子以后，还需要浇水施肥，才会生根发芽、开花结果。可是很多家长不知道从哪里开始做，更不知道种什么。所以，我们可以为家长准备一堂名叫"种子的力量"的课。

第二堂课：塑造学习兴趣。

为什么要塑造学习兴趣？因为很多幼儿园都不注重培养孩子的兴趣，而是侧重于提前教孩子小学语文、数学、英语等知识。当孩子学会了很多字，学会了算数，学会了一些简单的单词，反而到上小学一年级的时候，学习的注意力就不会太集中，渐渐养成了爱玩儿的习惯；到了小学二年级，孩子已经很难再回到专心学习的轨道上了。

幼儿园的工作不是教孩子识字，而是要激发孩子对学习的兴趣。第二堂课应讲授塑造学习兴趣的内容，提升孩子的学习兴趣，激发孩子的学习力，以及指导家长如何告诉孩子为什么要学。

第三堂课：青少年人生规划。

为什么孩子要上人生规划课？为什么孩子要上钢琴培训班？为什么孩子必须上学习辅导班？为什么孩子要上口才课？通常，一个小组中，一个口才很好的人能领导一群口才略差的人，由此可见，提升孩子的口才的重要性。教育培训机构要塑造一种氛围，让家长觉得自己的孩子必须要学。

第四堂课：家风建设。

家风建设课程里应包括夫妻相处之道、父母该如何教育孩子等。家风是一个家庭乃至家族稳定的道德风貌。无数的数据调查显示，没有父母的以身作则就难以培养孩子的良好习惯，没有和谐的亲子关系也很难培育出良好的家风。而要做好家风建设，夫妻如何相处和如何教育孩子这些问题，是每个家长都需要考虑的。这是非常重要的一课。只要孩子在教育机构学习，家长就会获赠亲子课程，使家长与孩子共同成长进步，从而增强了教育机构的综合竞争力。

当我们把上面所有的招生问题解决之后，这一教育机构的招生就不再是问题了，接下来就是不断招人，去实现分校的裂变。

英灿点醒

1. 用跨界连接实现客户捆绑；用跨界整合实现产品优势；用跨界"生蛋"实现后端利润。

2. 一家公司之所以业绩不好，是因为对客户要求太高；一家公司团队之所以不大，是因为对人才要求太高。

第五节　精准定位，利润翻倍

没有精准的定位，再好的产品和服务都很难卖出去。正如我们前面所说，产品或服务定位不准，必然亏损；反之，效果肯定不一样——精准定位，利润翻倍。

大家出差或旅游的时候，会选择入住的酒店。星级酒店的住宿条件好、服务周到、安全系数高，但是价格太贵，每晚要花费数百元甚至是数千元，在预算有限的情况下，肯定是没有必要的；招待所和旅馆的费用较低，但一分价钱一分货，其环境往往存在脏乱差的问题，服务与安全方面也差强人意。

我们在选择酒店时，通常希望它能具备四个特征：第一，可以让睡个安稳觉，元气满满地开启美好的第二天；第二，能够洗个舒服澡，洗去路途劳顿与身心疲惫；第三，房间要干净整洁，面积不一定需要很大；第四，价位亲民，性价比高。

有需求就有市场，有市场就有明眼人。

季琦是携程旅行网联合创始人之一，互联网泡沫破灭的那段日子，公司决定寻找新的投资方向，通过大量数据调研与亲身经历体验，他敏锐地发现了符合普通消费者需求的经济型酒店是一个市场空白点。于是,"如家酒店"应运而生,一路探索、一路成长。

尽管如家并未配置太多高档家具,但却在细节上下了很多功夫,从家具的摆放到装饰的风格都颇为温馨,让顾客有借宿友人家中般的亲切感。与其他星级酒店相比,如家的房间面积偏小,但房间规划合理,麻雀虽小五脏俱全,实用性更强,同样的酒店总面积,如家拥有更多的房间,薄利多销,利润由此被挤出来了。房间干净整洁、价格亲民的顾客需求被满足了。

如家为了解决顾客睡不好觉的问题,除了提供传统的白色被子之外,还提供绿色、粉色的被子,枕头也都换成更符合国人睡眠习惯的中间填充了荞麦壳的枕头,清新的被子、舒服的枕头,顾客很容易便能得到高质量的睡眠体验。

当人们准备洗澡、脱光衣服时,如果等了很长一段时间也不出热水,那是一件很痛苦的事情。为了让顾客洗个好澡,如家非常注重浴室设备的改进,配备了12秒钟之内就能出热水的热水器、大花洒喷头等,它们极大地提高了洗澡的便利性与舒适性。

如家紧紧抓住了被子颜色、枕头、花洒喷头这三个点,并把它们做到了极致,吸引来了更多的年轻顾客,利润自然也是滚滚而来。

如家做好之后,季琦从创业团队退出,几年后他再度杀回连锁酒店行业,创办了另一个风生水起的酒店品牌——汉庭。谈及这次再创业的宝贵成功经验,季琦感慨道:"我回归到汉庭的本质,做内在的提升,感觉就对了。经济酒店行业

'做'和'做好'差别很大，原来我就是'做'。客人来了，也能睡觉，也能上网，也能洗澡，但是做好就非常不容易。为整个酒店铺设无线网络、在床头设置网线，包括我设计的卫浴双开门，每一项投入成本都很大，这些细节多了累积起来，客人来了，感觉肯定就会不一样。"

精准定位，销量翻倍。如果定位不准，销量是起不来的，生意会很难做。

以我自己为例，我在2011—2014年讲课的次数很多，但始终没有赚到钱。为什么会这样呢？因为我是给企业员工做内训，嗓子都讲哑了，却收不到员工一分钱。

到了2015年，我的收入是2011—2014年的10倍，这中间发生了什么？因为我认识到我的课程定位错了，此后我只给老板讲课。老板花10万元听课，却能因此多赚一二百万元，所以他们是特别愿意花这笔钱的。但员工不会，他可能认为投入太多产出太少。老板的思维是投资思维，只要划算、值得，哪怕贷款也要做。老板是看回报率的，只要回报远远大于投资，他就愿意做这件事儿，哪怕冒再大的险他也愿意，所以他能成为老板。

为什么很多老板愿意花钱来学习呢？因为回报率高，而同样的内容，交费越多效果就越好，学习的效果跟交费的金额是成正比的。

首富思维为什么迅速发展起来？

我放弃了北京、上海、广州、深圳这几个一线城市，因为我知道自己做不过那些老培训师、那些大培训公司。首富思维的定位不是做一线城市中最大的培训公司，盲目跟他们拼是没有好处的。

所以，现在的首富思维也不会进入一线大城市，我们的课程面向地级城市和县级城市乃至乡镇的小微企业。这就是首富思维的定位。

首富思维为什么迅速发展起来？因为学习有结果。精准定位，销量翻倍。如果你的企业也能找到自己的定位，也一定能迅速火起来。

我们有一个客户是云南的一家建材企业的老板。他早期是把商铺租给别人收取租金，可是他的资金链现金流快断裂了，他就想把商铺卖给那些商户，可是不知道如何卖。

于是我们重新策划了他的商铺，包括怎么把租户变成买家，怎么把商铺卖掉。我们还是用了精准定位六步法。

第一，我是谁？云南××建材企业老板。

第二，我的优势是什么？云南省政府引进的工业园区开发人。

第三，我的价值是什么？让投资者放心竞争，而且持续提供他的财富动力。

第四，我的客户对象是谁？想要用自助式家居建材经营的投资者。

第五，我能提供什么产品？可售的建设商铺。

第六，我通过什么渠道寻找客户？直销，面对面销售，新媒体、品牌、传播、口碑营销，转介绍促销。

我给他的"一句话营销"方案是，与其给房东交房租，不如每月收房租。后来围绕这句话给他策划了一套方案，用这套方案做了一场会销。我们看看这场会销的结果：开盘当天卖出了36套商铺，一共收款5400万元。

说到这里，我发现浙江、江苏这两个地方的老板，只要遇到我的课，几乎是百分百报名。为什么人家经济那么好？因为他们肯花钱学习，敢于第一个吃螃蟹，敢于尝试新鲜事物，他们要做引领者。

这样的案例太多了，数不胜数。为什么有这么多成功案例？用一句话概括就是精准定位，利润翻倍。所以，我希望更多的企业，尤其是小微企业，学会精准定位，让企业在市场中找到方向。只有这样，你才能带领你的企业在细分领域的市场里，杀出一条血路。

英灿点醒

1. 精准定位，利润翻倍。
2. 学习不交费，永远学不会。

阅读思考

1. 你原来是如何定位自己的企业的？

_____

_____

_____

2. 根据精准定位六步法，你将如何重新对你的企业进行定位？

附表1　　　　　　　　企业定位六步法

要素	定位方向
我是谁	
我的优势是什么	
我的价值是什么	
我的客户对象是谁	
我能提供什么产品	
我通过什么渠道寻找客户	
定位	
标签	
"一句话营销"	

附表2　　　英灿老师"一句话营销"经典赏析

序号	公司名称	"一句话营销"	序号	公司名称	"一句话营销"
1	精品果蔬	指尖上的水果店，30分钟送达，否则免费！	7	内蒙古牧兴源饲料有限公司	牛羊兴旺之源，首选饲料牧兴源！
2	吉兴昌鬏肉干饭百家连锁	大块肉，大碗酒，鬏肉干饭啥都有！	8	天德跆拳道	天德跆拳道，不用打广告
3	巴特尔服装	企业员工定制装	9	敖谷一号小米	敖谷一，敖谷一，敖汉小米我第一
4	尼西涉外连锁酒店	我们不只接待外国人！	10	惠香园	专注手工糕点30年
5	东润车服机油哥	机油供应直通车！	11	云南昭通爱心幼儿园	你的孩子我更爱
6	内蒙先锋通讯	新款新品新时尚	12	韩食府泡菜	韩食府泡菜，餐桌上的爱

续 表

序号	公司名称	"一句话营销"	序号	公司名称	"一句话营销"
13	群星驾校	聚集明星教练,自主考场,一次通过	25	贵州天添房地产	再买一套房,天天添财添福添财富
14	万里行汽配	儿行千里母担忧,车行万里要维修	26	贵州东恒教育	聚集东方英才,成就恒久伟业
15	长谷瓷砖	别墅专用砖	27	云南火塘牛肉	喝暖胃汤,品鲜牛肉,就来云南火塘牛肉
16	天润漆	绿色无味漆	28	曲靖旺洁家政	找家政、选旺洁,人旺财旺家运旺!
17	云南盈恩财务	财务要么是老板的心腹,要么是老板的心腹大患。——云南盈恩财务,您身边的财税管理专家!	29	昭通小肉串	赤炎火一把——专注昭通小肉串!
18	佳人有约	卫生用品一站式批发商	30	巧媳妇连锁餐饮	带上全家来聚会,巧媳妇家人不怕累!
19	海天考研	海天考研,只考一年	31	五湖四海财神酒	五湖四海皆兄弟,天下财神一家人!要喝就喝五湖四海财神酒!
20	曲靖小公主蛋糕	一年的辛苦,一天的公主	32	锦纯鞋行	你离女鞋之间只差一双锦纯鞋
21	广西科绿环保	专注商用油烟净化,快速解决油烟难题	33	米加口腔	专注无痛儿童口腔
22	云南乾升置业	与其给房东交房租,不如坐在家里收房租	34	华冉美容	你身边的整形专家
23	乡村老汉木桶鱼	一生专注木桶鱼,只为做好一桶鱼	35	萤佳眼镜视力矫正中心	让中国学生少一双近视的眼睛、多一份萤亮的光彩。
24	君品宣宣威菜	进门方知味道好,出门方知价格少	36	时尚珠宝	珠宝虽贵,贵在时尚

续 表

序号	公司名称	"一句话营销"	序号	公司名称	"一句话营销"
37	vip Jr 共享教育	不出家门就能学到一口流利的英语！	41	首富思维	首富思维为啥火？因为学习之后有结果！
38	逆势增长	无裂变、不增长，不是顺势而为就是逆势增长	42	不懂人工智能就变智能工人	过去是工业时代，现在是信息时代，未来叫作智能时代
39	八大系统	系统托管、解放老板	43	生态商业	过去是一棵树跟一棵树的竞争，未来是一片森林跟一片森林的竞争
40	销讲之道	学会销讲、业绩暴涨	44	云商之道	不玩大数据，生意就没后续；不懂云计算，生意没法干！

第四大系统

爆品打造：企业80%的利润来自爆品

为什么现在95%的企业撑不过5年就会倒闭？原因很简单，就是这些企业的产品太普通了。很多人可能会觉得自己的产品很好，不是普通产品。在我眼里，如果你的产品销售额没有过一亿元，那就是普通产品，而这类产品在5年之内很有可能被替代或是被市场淘汰。所谓的好产品不仅是产品本身好，而且还要卖得好。所谓的爆品就是能够引爆用户口碑和销售业绩的产品，比如小米手机、苹果手机等。未来企业80%的利润来自爆品，只有有能力打造爆品的企业才能在竞争中活下去。

第一节　从0到百亿美金：小米的爆品之道

很多做技术出身的产品经理都很骄傲，他们总觉得自己开发出来的产品是最好的。事实上，产品好与不好，顾客说了算，只有顾客说好才叫好。经常有老板问我："究竟什么样的产品才算是爆品呢？"我觉得，企业的一个单品年销售额能破1亿元，才算是爆品。如果你的产品连1亿元的销售额都达不到，那你的产品就不算是爆品。

一个企业的产品是什么？产品就是我们做生意的根本。苹果公司开发出了很多革命性的产品，微软公司开发了Microsoft Windows操作系统，华为技术有限公司开发出华为手机，小米科技有限责任公司（以下简称"小米科技"）开发出小米手机……大老板有大格局，他们知道客户想要什么样的产品，他们知道什么样的产品能成为爆品。

通常情况下，爆品的打造是需要一系列方法的。企业的第一战略是什么？我认为企业的第一战略就是做好产品，而企业的第一产品就是老板。如果一个老板的心思不在产品上，他最多也只是一个做营销的，而营销只能赚到一些小钱，但脱离了技术和产品，只谈营销是肯定赚不到大钱的；所有的老板都应关注企业的产品，做好产品才能赚大钱。

前面提到爆品是出业绩的产品，一款爆品的年销售额可以达到1亿元甚至是更多。所以，未来企业要走爆品之路，就要打造引爆用户口碑和销售业绩的产品。

对于中小微企业来说，想要打造爆品，就要以用户为中心进行微创新。因为我们是中小微企业，大创新我们是做不了的，但我们一定要进行微创新。什么是微创新？改形状、改颜色、改功能，这些都是微创新。

以小米为例，小米当年通过爆品战略，实现了销售额从0到百亿美元的跨越。小米手机是如何成为爆品的？

2010年4月8日，原金山软件的董事长雷军与5个人一同联合创办了小米科技，并于2011年8月宣布小米手机上市。雷军为什么要做小米手机？按照雷军的说法，他期待给手机市场带来一场大扰动。小米手机以极具性价比的单品爆款引发海量销售。

事实上，小米手机不负众望。2012年，小米手机的消费数据突破了719万台，销售额（含税）达到126亿元；2013年，小米手机的消费数据突破到1870万台，销售额（含税）达到316亿元；2014年，消费数据突破6112万台，销售额（含税）达到743亿元。2014年，小米公司E轮融资的估值就已经达到450亿美元。

到了 2018 年，小米科技的估值从最初的 2000 亿美元，到之后的 1000 亿美元，直到最后落实为 540 亿美元，小米的实际市值可谓不太高。对于从创业公司转型上市公司的小米科技来说，无论市场环境、组织结构或是企业文化，的确经历了一次严峻的考验。但不管怎么说，小米的爆品战略还是非常成功的。

那小米是如何打造爆品的？雷军说硬件不赚钱、手机不赚钱，那就靠软件和互联网赚钱、靠 App 下载赚钱、靠流量来赚钱，砍掉线下渠道，靠电商直销赚钱，以社交为中心，形成口碑王，把以用户为中心作为一种商业模式。

小米是如何做到"以用户为中心"的？雷军认为，要坚持做感动人心、价格厚道的产品。要么不做，要么做到极致，只有这样用户才能产生强烈的新鲜感。这是小米科技的价值观。小米科技硬件综合净利润率永远不会超过 5%。在雷军看来，企业的成功不是看利润的多少，而是看企业价值观。可我们很多老板却在产品价格上加 50% 的利润，这是什么？这是人性的贪婪，是很难吸引到用户的。因此，我们也要学雷军做感动人心、价格厚道的产品，只有克服贪婪才能让顾客对产品和公司产生强烈的信任。

一个企业最重要的是什么？是真诚和公道，产品一定要做到价格公道，这样才能吸引更多的用户。要知道，这个世界上从来不缺聪明的人，但是缺少真诚的人。

感动人心、价格厚道，这就是小米成功打造爆品的原因。赚钱很容易，赢得人心却很难。真正的企业不会一直赚取利润，而是更在乎自己给用户带去什么，更在乎企业在这个时代里的价值。

> **英灿点醒**

1. 未来的企业要走爆品之路，打造引爆用户口碑和销售业绩的产品。

2. 要做就做感动人心、价格厚道的产品，只有克服贪婪才能让顾客对产品和公司产生强烈的信任。

3. 我们不能决定人生的长度，但我们应该好好地把握现在。

第二节　为什么移动互联网时代要打造爆品

互联网时代的到来，彻底颠覆了传统的商业模式，重构了商业思维。如今是移动互联网的时代，打造能够吸引用户关注，甚至产生巨大社会影响力的爆品，成了很多企业竞争的支柱。

爆品战略研究中心创始人金错刀指出，爆品的本质是产品主义。爆品不仅会持续热销，还会受到用户长期的追捧，更是企业的品牌产品，是可以为企业创造更高利润的产品。从微信、支付宝等几乎占据所有人手机的现象级 App，到快手、抖音等短视频平台，无不是爆品的成功。

第四大系统
爆品打造：企业80%的利润来自爆品

为什么移动互联网的时代里一定要打造爆品？

1. 广告失效

以前，传统行业的企业是通过渠道、通过猛打广告来塑造品牌的，而在移动互联网时代，以及未来的商务智能时代，传统广告已经不是塑造品牌的最佳手段了。为什么会这样呢？因为互联网时代的产品，必须依靠用户的社交口碑效应来传播。正如小米科技的爆品战略是以用户为中心，它选择以获取用户口碑为目标的用户驱动的思维模式，坚持体验大于认知，才取得了最后的成功。

以诺基亚为例，早期的诺基亚是手机业界的老大，坚持"科技以人为本"，多年来投入巨资做广告，在当时看来确实起到了非常大的作用。但是随着移动互联网时代到来，苹果公司的智能手机半道杀出，没有定位，没有标签，但却凭着各种极致体验，一夜间秒杀了诺基亚。

还有大家熟知的恒大冰泉，当初在广告上投入了数亿元，但其销量却一直不如意。为什么呢？就是因为用户的体验过于平淡，用户没有立刻感知到体验优势。褚橙在没有做什么广告的前提下，却成了一款爆品，这是因为褚橙的品质、口味、品相给了用户很好的体验，所以才有了"一橙难求"的现象。

2. 血拼时代

现在是产品严重过剩的时代，不少企业在血拼价格，你要降价我也要降价，最后大家连成本都赔光了，结果只剩下死路一条。

以凡客诚品（以下简称"凡客"）为例，凡客是营销高手，在广告的投入上也是大手笔。但衡量一个公司的好坏还是要看产品。正如凡客的创始人陈年想体验一下自己品牌的帆布鞋，结果没有一双是令他满意的，他这才意识到质量是多么糟糕。

凡客当初以低价冲击市场，并迅速火遍全国，陈年还说未来要收购"LV"（路易·威登），可却掉入了盲目扩张的大坑里。最惨的时候，库房里留下了近十九亿元的库存，背负了十几亿元的债。

陈年曾说："在凡客最鼎盛的时候，我开始隐隐感觉到不对，但不知道错在哪里。第一个真正点醒我、让我彻底反思凡客模式的，是我多年的好兄弟雷军。"

雷军当初直言凡客这种盲目扩张的做法早已经过时了，未来的企业一定是像小米科技一样，以用户需求为导向，用产品来塑造品牌。陈年最初并不认同雷军的说法，于是他带着雷军参观了凡客所有的样品。当陈年和雷军在几百个衣架间走过时，他才真正感到自己有多傻了。因为陈年第一次看到这么多真实的产品，他发现竟然没有一件产品是拿得出手的。正如雷军当时说的，他感觉不是站在一个品牌店里，这里更像是一个百货市场。

雷军一句话点出了凡客的死穴："不够专注、不够极致是凡客遇到问题的原因。"随后雷军给凡客开了一服药，也就是"去毛利率、去组织架构、去KPI（关键绩效指标）"。现在的凡客看起来简单多了，而且也没有抛弃以往的低价策略。

如今的陈年总算熬过去了，用他的话说："最坏的时候已经过去了"。2017年凡客的营收达到了5亿元，其中一款免烫衬衫成了爆品，而正是这款爆品让陈年找到了底气。

3. 技术爆炸

科幻小说《三体》中有一种常用语，叫作"技术爆炸"。随着移动互联网时代的到来，现在的科学技术几乎是以爆炸的形式迅速发展。

无论是大人还是小孩子，都被这个时代影响着。就拿我的女儿来说，在她四岁的时候，她要我帮她找一部动画片。我说去哪里找呢？她告诉我去百度搜索就能找到了，四岁的小孩子就知道了百度。

可以想象，现在的技术进步太快了，商业智能的时代马上就要到来了，大数据已经来了，我们要学会用起来。现在的产品同质化越来越严重，如果你做得太像同行，就完全没有了竞争力。

4. 随时被颠覆

大部分小微企业老板可能不知道，你今天赚钱的产品有可能明天变成别人的剩品。比如，以前卖的那种要用两节电池的手电筒，现在还有人卖吗？以前你开车到了十字路口等红绿灯时，会有人拿着电子狗来卖，现在还有人在路口推销吗？因为这些功能手机上都有，买了手机之后，这些功能全部免费使用。一个手机就把大部分行业的市场份额给挤没了。

以前培训行业一直以卖课程为主，现在还能卖得出去吗？我告诉大家，在这个时代，培训行业卖课程很难。为什么这样说呢？因为，所有的课程都差不多，别人卖几万元的课程，到首富思维来听只需要几百元，你只需要交付场地费就可以了，首富思维的课程免费。我需要的是信赖感、依赖感、互动和感动。

5. 转型太难

很多人认为转型就是转行，这其实是一种误解。转型是什么？我先来问大家几个问题，现在是做美容的多还是想要做美容的多？通过调查我们可以发现，做美容的只占3%，而想做美容的占97%，我要把97%的人挑出来，变成我的客户。再有，现在是学习的老板多还是需要学习的老板多？同样，学习的老板只占3%，那些需要学习的老板占97%，我要做的是把这些97%的老板挖出来，变成我的客户。所以，转型是指转客户、转市场，而不是转行；转型就是把大客户变成小客户，把大市场变成小市场。

6. 流量太差

不管是传统生意，还是互联网生意，流量决定了一切，它决定你是不是一个爆品，它决定你是成功还是倒闭。

流量不在店面，而是在看不见的地方。我们现在所在的这个时代，复购率太低，很容易快速出现替代品。

基于以上原因，我们在互联网时代一定要学会打造爆品。未来也一定是爆品时代，你的爆品也决定着你的未来。

英灿点醒

1. 凡事不是被动等待，而是要主动出击。

2. 谁能更敏锐地发现那些原本就隐藏在我们身边的财富，谁就更有可能成为富人。

第三节　打造爆品战略之一：赔品卡

未来是大公司失效、小公司盛行的时代，大品牌现在已经没用，小品牌反而更加赚钱。现在有些"草根"创业两三年就会成为百万富翁、千万富翁；反观大公司，有些在不断亏损，因为消费者只会为产品和服务带给他的好处和结果付费，而不会因为是大公司而盲目买单。

未来一定是爆品的时代，关于如何打造爆品，现在我把我们公司的一套方法教给大家，即客户来了，我们先送给他们一张赔品卡。所谓的赔品就是把利润让给顾客的意思，但不一定赔钱。因为客户是价格哪里低就去哪里，这就是人性。那么，如何去打造这张卡？我们可以从三个步骤展开分析。

第一步，把卖得火爆的产品，打包到一张卡里，可以做一个微信链接或是开一个抖音小店、橱窗进行推广，里面有产品图片、介绍和价格，价格一定是减掉利润后的价格。产品可以以图片、文字（详情页）、短视频，或是以直播的形式进行全网推广，获得人气和流量，有了人气就会有财气。

这里需要注意的是，千万不要研发新产品，也不要打造新概念，更不能开创新模式。有一次一个客户给我打电话说："英灿老师，我想和你合作，我研发了一个新产品。"我说："你的公司可能要'死'了。"他说:"我还没说我卖什么,你怎么就断定我的公司快'死'了?"

为什么这样说?许多小公司推广新产品一般都是死路一条,因为小公司资金、人力、物力等条件有限,很多情况下无法支撑新产品、新模式的研发,且担心没有人愿意去尝试,没有人愿意为此付费。最简单的办法,就是把市场上赚钱且卖得火爆的产品,打包到一张卡里,做一个微信链接,把所有的产品都放在这里面去;而且,这些产品必须在京东、天猫、百度上能够搜得到,让你的客户知道;然后在里面放入产品图片介绍和价格,价格一定是减掉利润之后的价格。这么做的目的,就是把你的利润拿出来让给顾客,自己不赚。

第二步,选择传播渠道,可以选择朋友圈、公众号、小程序、抖音、快手、火山小视频、各平台的直播间、门店等,或业务员推销、老客户转介绍等。

通常,传播渠道的首选是朋友圈。抢占了朋友圈,你就抢占了一定的市场。什么时间发朋友圈合适?有三个时间段:12点左右、19点左右、21点至23点左右。因为这几个时间段里人们大多在刷朋友圈。

第三步,导入三级分销,带来爆发式营销。

什么是三级分销呢?

我给你发一个产品链接,然后你发到朋友圈里,这时你朋友圈里的A产生了购买行为,而A买完之后,他也转发到朋友圈里,B看见了,B也想购买。只要B通过A的链接一下单,我们就给A自动转入10%的广告奖金。

B在购买后也有可能会转发朋友圈，为什么呢？因为他认为这个产品真的太好、太便宜了。当C在B的朋友圈里看到这个产品，C通过B的链接下单购买，这时我们会自动转10%的广告奖金给B，然后再转5%到A的账户，这叫领导奖金。如果C转发朋友圈，被D看见了，D同样购买了产品，我们会自动转10%广告奖金到C的账户，再转5%的领导奖金到B的账户，这时的A不再获得奖金收益了，否则就成了传销。不能超过三级，这就是三级分销。

以此类推，这一链接接下来会不断地传播下去，当传播完之后，这些人要加入购买或者是转接拉广告，要留下二维码或者微信号。这时，系统里就会自动记录你的客户信息，这些客户信息会带来爆发式营销效果。

所以，我们做赔品卡的目的不是赚钱，主要目的是收集更多的客户资源。通过赔品卡，我们就能把人气做起来，有了人气就能赚钱。

英灿点醒

1. 把利润让给客户，价格哪里低，客户往哪里去，这是人性。
2. 赔品卡收集客户资源，让利的目的就是收集更多客户资源。
3. 赔品卡就是诱饵产品，是专门用来诱惑客户的产品。

第四节　打造爆品战略之二：储值卡

当人气做起来之后，我们该如何赚钱呢？办储值卡。

所谓的储值卡就是我们平时用的会员储值卡，通过会员储值卡把顾客变成客户，把客户变成会员。因为顾客是一次性交易的，客户是长期交易的，会员往往是终身交易的。一旦形成终身交易，钱财自然滚滚而来。

那么，我们该给顾客办理哪种会员储值卡呢？下面我来举例说明整个会员储值卡的类别和办理流程。

1. 金卡

如果你这里一共有三张卡片，即金卡、银卡、铜卡，通常情况下顾客会选择优惠力度最大的金卡。

假设金卡储值 1000 元赠送 200 元。这 200 元一定要印成代金券，而不是存在卡里。原因很简单，如果这 200 元存在卡里，那么你的客户数量可能永远不会改变。但如果你印成两张 100 元的代金券送给顾客，他有可能拿去送人，这样你的顾客数量就会大大增加。

之后，再送 1000 积分给顾客。积分可以兑换礼品，但不可以兑换现金。比如，你是开批发和商贸公司的，你可以准备 300 个礼品，把这些礼品放到一个布置高端的 VIP 接待室里。办储值卡的客户可以兑换这里的礼品。

然后，再设置一个积分换礼专区，明确顾客积到多少分可以兑换电饭锅，积到多少分可以兑换摩托车，积到多少分可以兑换电冰箱，积到多少分可以兑换小轿车，等等。通过积分换礼客户和企业将产生绑定，使顾客乐于重复购买，使企业成为客户购物时的首选。

一定要记住，营销时要花有把握的钱，要花永远不还本金的钱，否则将"死路一条"。

2. 铂金卡

为什么有人愿意多花几百元钱坐头等舱？因为获得的服务不一样，体验和感受也不一样。所以，除了金卡以外，我们还要专门准备一张铂金卡，这是一张升级的卡。

铂金卡是什么？这张卡是金卡的升级版，顾客可享受更大的优惠，如储值5000元赠送1500元代金券，送5000积分，积分可以兑换礼品，送价值3888元的礼品，再送50张抽奖券。

3. 钻石卡

钻石卡是限量销售的，每次卖多少张是有数的。钻石卡可以是储值1万元，赠送4000元代金券，送10000积分，积分可以兑换礼品，现场送价值6888元的礼品，再送80张抽奖券。礼品成本多少钱？300元左右。这种产品多如牛毛，只要你用心去找，就能找得到。

4. 周期股东卡

周期股东卡是什么？储值50000元赠送55000元代金券，再赠送50000积分。这张卡除了有消费功能外，还有分红功能。我们可以再送季度分红，如本店利润的25%分红。这么做的主要目的是拉大客户入股，把大客户变成股东。根据"二八法则"，大客户只占总客户数的20%，但是他们却能带来80%的收益。你要记住，开连锁店办储值卡是表象，要用顾客的钱开连锁店才是核心。

5. 入股消费

比如，储值10万元，实际可消费金额为11万元，再享受大盘股10股的分红，可以分到2万~10万元，保底分红金额为2万元；如果储值20万元，实际可消费金额为22万元，享受大盘股20股的分红，可以分到4万~20万元。以此类推送消费金额和红利，但要视具体情况制定标准。如果不送消费金额，可以退股本金，期限为一年。

6. 礼品卡

什么是礼品卡？储值与本次消费一致的金额，送100元的现金券，送价值198元的云南丽江丝巾一条，再送38元积分，当下次购物满600元时，可以使用100元的现金券一张；储值本次消费金额的3倍，再送价值300元的礼品；储值本次消费金额的5倍，本次消费免单。

7. 贵宾卡

当你的客户买完单之后，你通常会说"谢谢光临，慢走"等常用语，但这个对后面的工作没有一点儿意义。有时候一句话，可以留住客户的心，能让销量翻倍；有时候一句话，会伤了客户的心，让客户对你失去信任。所以，前台话术对本店的营业额起到了重要的作用。

第四大系统
爆品打造：企业 80% 的利润来自爆品

这里我教大家一招让业绩翻倍的话术，你可以这样说："您有我家储值卡吗？今天充 1000 元送 1000 积分，还可以送您一张贵宾卡。"说这些就一定有人会充值吗？答案是不确定的，这就好像捞鱼一样，本身就是讲究概率的，不可能每个人都会充值。

当对方并不想办贵宾卡时，我们还要跟进一步，可以这样说："如果您不想带在身上，可以由我们帮您保管，下次来报您的手机号就可以消费了。您下次凭贵宾卡消费时，我们会送您价值 128 元的鲍鱼一盒。"一旦客户同意办卡，商家就把头回客变成了回头客，这是最终目的。从赔品卡开始，把利润让给顾客，吸引人气和流量。当有足够的流量和人气以后，商家可以推广储值卡。如果顾客不买，商家可以对消费了的顾客赠送礼品卡。总之，不断地用好处吸引顾客再次回头，只要回头商家就有机会好上加好。只要顾客给商家一次机会，商家就应服务顾客一生！

只要顾客消费，商家可以赠送积分、礼品，举办抽奖活动，只要顾客来，商家就不放弃对其服务。

这叫一层锁、二层锁、三层锁……层层锁，锁定终身、终身锁定，一触碰一辈子跑不掉。记住了，这才叫生意。

为什么你会缺客户？为什么你的生意不好做？缺客户是表象，没客户才是核心。为什么你没有客户？因为当年你做生意时，就如猴子掰苞谷，掰一个扔一个，你把老客户给扔掉了。

一个企业好不好，要看第一批客户还在不在；一个老板好不好，要看第一批员工还在不在。如果你今天开发新客户，明天招聘新员工，那么你的企业是做不起来的，因为没有根。

真正的生意是客户来一次，你让他还想来第二次、第三次……因为消费者的心理普遍是这样的：第一次是尝鲜，第二次是偶然，

99

第三次是依赖,一旦让顾客依赖你,这辈子他就是你的客户了。

当你有了一大批客户,你就不愁生意了。老客户不买也没有关系,你可以再送他礼品、积分、代金券,因为他可能会为你带来新客户,这样你又怎么可能赚不到钱呢?

英灿点醒

1. 创业就是敢说,创造就是敢干,创新就是敢想。

2. 顾客是一次性交易的,客户是长期交易的,会员是终身交易的。

3. 一层锁、二层锁、三层锁……层层锁,锁定终身、终身锁定,一触碰一辈子跑不掉,这才叫生意。

阅读思考

1. 你的公司是如何打造爆品的?

_____
_____
_____

2. 你有为顾客办理储值卡吗?可曾出现问题?问题出在哪里?

_____
_____
_____

第五大系统

销讲成交：销讲是塑造企业影响力的放大器

俗话说得好，"小成者做事，大成者做势"。很多小微企业老板终其一生也只取得了一点点的成绩，因为他们只把眼光放在了做事和做产品上，而没有把眼光放在更长远的格局上。当今是一个随处是机遇的互联网时代，也是一个人人销讲、个个直播的会销时代。未来人人都需要学会销讲、学会直播，未来的企业家个个都应是销讲演说家、直播带货手；否则难以生存，容易被时代淘汰。

第五大系统
销讲成交：销讲是塑造企业影响力的放大器

第一节　销讲可以实现企业的快速成功

这个世界上会演讲的人有很多，但能通过演讲感召更多的人购买产品的人并不多。这种通过演讲把产品卖出去的一对多销售模式就是销讲。只要你面对两个或两个以上的人讲话，就意味着销讲开始了。平时，我们面对一个人讲话，这是沟通，而沟通本质上就是一对一的演讲。

1. 销讲可以实现企业的快速成功

一场真正的销讲会带来多大的成功呢？英国前首相丘吉尔曾说："你能面对多少人，未来就有多大的成就。"同样，销讲面对的人越多，赚到的利润也就越多。

未来是人人销讲的时代，未来的企业家也必定会成为销讲家。许多人一生的终极追求就是打造自己的影响力，而销讲就是塑造企业影响力的有力武器，很多小微企业正是通过销讲做大的。一场成功的销讲，不仅能够成功打开企业的市场、为企业带来很大的销售效益，还能为企业招揽人才，激发员工的积极性。老板和员工都充满激情，企业通往成功的大门也就打开了。所以，销讲可以加速企业的成功，最著名的一个案例就是乔布斯为苹果公司产品"销讲"。

作为苹果公司的创始人，乔布斯不仅是个发明家、企业家，更是世界舞台上极具沟通魅力、擅长掳获人心的大师级人物。在每次的新机发布会上，乔布斯都会为全世界的"粉丝"带来激动人心的演讲，而在我看来，这更像是为苹果产品开卖前准备的一场世界级大销讲。

在一次内部演讲中，乔布斯指出营销的重点是价值观，而价值观源于专注。正如他所说：这是个复杂的世界，喧嚣的世界，我们没法让人们铭记我们，没有一家公司能做到。所以，我们要非常清楚——我们想让人们铭记我们什么，并非常清楚地把它传达出来。乔布斯认为，过去的 10 多年来，苹果一直忽略了对品牌的投入和关心，要找回被忽视的东西，不能全都靠产品宣传，更重要的是要树立核心价值观，以及传播价值观，才能重建苹果品牌。

乔布斯指出，美国乳制品行业用了 20 多年的时间来说服消费者"喝杯牛奶"，推出了"Got Milk"广告，这个几乎没有出现产品的广告，却在很大程度上提升了牛奶的销量。乔布斯还认为，耐克是善于销讲的，耐克的聪明之处在于广告里从不提自己的产品有多伟大，它只赞美那些伟大的竞技体育精神和伟大的运动员，而恰恰是这些人选择了耐克产品。"这就是耐克，它表达了它是谁，它代表什么。"受到启发的乔布斯把苹果的核心价值观定义为：我们坚信有激情的人能让这个世界变得更美好。最后，我们的确看到乔布斯让这个世界变得越来越美好了。

乔布斯也特别善于用销讲挖掘人才。可能很多人难以想象，像乔布斯这样知名的人物也会去"挖墙脚"？当然会。当初，乔布斯试图拉拢百事可乐的总裁约翰·史考利来苹果公司，乔布斯见到史考利时，说了那句最为经典的话："你是想卖一辈子糖水，还是要跟我一起改变世界？"史考利听到这句话后，义无反顾地选择了苹果公司。这就是销讲的力量。

可能有的人会质疑，仅凭一句话怎么能搞定一个人才呢？乔布斯其实很早就看清了史考利的"野心"，而"卖糖水"只是史考利当时的一项事业，虽然他已经把这件事做得很伟大了，但是远远不及乔布斯的"改变世界"有诱惑力。对于这些站在世界前端的人来说，金钱、权力这些东西对于他们而言已经没有太大吸引力了，他们想做的是可以"改变世界"这样伟大的事儿。乔布斯恰恰抓住这一点，仅用一句话便俘获了史考利的心。

事实正是如此，销讲可以让很多事情事半功倍，并能缩短成功的时间。乔布斯是这样，马云、雷军、董明珠这些国内顶尖人才也是这样，他们不断通过销讲推销自己、推销自己的产品、推销自己的公司。正是因为拥有会销讲的老板，企业才能在市场红海中找到出路。

现代商业中，有的人可能会给销讲和演讲画等号。其实，销讲和演讲并不一样，两者的区别在于：演讲是以内容为主，以观众掌声的多少为成功与否的判断标准；销讲是以营销为主，以现场收到现金和订单的多少为成功与否的判断标准。

传统意义上的销售是一对一的销售，而销讲则是一对多的特殊形式的销售。销讲的目的就是成交，如果销讲不是以成交为目的，那只是一场自娱自乐的自嗨。

2. 销讲成功的"三大幸运"

第一个幸运：销售等于收入。

对于大多数企业来说，实现销售是企业迈向成功的唯一通道。公司里所有的部门都会产生成本，唯有销售产生利润，只有销售才能实现收入，只有持续销售才能实现财务自由。就算产品都很优秀，项目也都非常好，但只要不会销售，一切都等于0。为什么很多人这么多年以来一直很努力地工作、拼命地学习、到处去听课，之后却没有结果呢？因为"酒香也怕巷子深"，你再有文化，你的办公室装修得再好，产品再优秀，如果无法销售，企业也活不长久。

第二个幸运：客户就是上帝。

为什么企业要把客户放在第一位？比如，华为的价值观是"以客户为中心"，阿里巴巴的价值观的第一条是"客户第一"。任何公司都把客户放在第一位。原因其实很简单，客户是我们一切财富的来源。父母给了我们生命，客户给了企业和我们生存所需要的钱，所以说客户是上帝，是我们的衣食父母。

第三个幸运：成交创造财富。

作为传统企业的老板，公司的战略就是赚到钱、活下来，这才是王道。而成交可以创造财富，成交大客户就能赚取大财富。

生活在这个时代里，我们所有人都渴望自己能够成为所在行业里的佼佼者，但真正能站在金字塔顶尖上的人却很少，而财富恰恰掌握在这些少数人的手里。在这个世界上，每个人内心的潜能都是可以被不断挖掘的，只要你能发现销讲的魅力，你也能激发出自己沉睡的潜能，你也能成为一名优秀的成功者。

> **英灿点醒**

1. 销讲大师就是故事大王。
2. 演讲是以内容为主，以观众掌声的多少为判断成功与否的标准；销讲是以营销为主，以现场收到现金和订单的多少为判断成功与否的标准。
3. 销讲和销售有什么区别？销售是一对一，销讲是一对多。
4. 销讲大师最重要的，不是说服人，而是找对的人买单。

第二节　学会销讲的无限好处

在当今时代里，任何项目、任何产品都需要我们进行销讲、进行公众演说，把项目或产品讲给客户听，让更多的人了解这些项目和产品并乐于投资或购买。传统买卖的行为只是把我们的产品或项目向身边少量的人推荐，而在互联网时代，我们可以通过大量的销讲把更多的产品推荐给更多的人。

我记得一名叫魏光明的学员，他就是典型的因销讲受益的企业家。魏某来自浙江，由于从小受到父母做生意的影响，他14岁就开始在公路边摆摊儿卖香烟、泡面、茶叶蛋等。后来，上了大学的他也经常在校园里卖东西，甚至一天时间里他能赚到大学四年的学费。

这一切看上去都比较顺利，就连魏光明自己都觉得自己很厉害，觉得做生意很简单，无非就是低买高卖，想多赚钱就要多增加货品。在这种想法的驱使下，他进的货越来越多，但同时三角债也越来越多。后来由于很多垫资的货款收不回，最后导致崩盘，他也因此背了很多债，被银行不断催收。

为了平衡负债，解决财务困境，2013年，魏光明开始自学财商知识和融资知识，这些知识不仅让他很快走出了困境，同时他也帮助身边很多朋友走出了债务的困境。2017年，魏光明又和朋友一起经营了一家比较有影响力的互联网财商教育平台，普及财商思维，教授融资知识。后来，因为分公司扩张太快，管理跟不上，致使公司内部产生了很多问题和麻烦。

为了解决这些问题，魏光明开始四处寻找培训机构去学习，前前后后在多家培训公司交了很多学费，但依然没能化解公司的危机。2019年，魏光明和我结缘，报名参加了我的八大系统课程，通过我的讲解，他找到了许多答案，对他个人成长和公司的发展都起到了很大的作用。

他尤其在销讲之道一对多成交系统上的领悟很深，他说："我对销讲之道体会最深的有三点。第一点，销讲和演讲的区别，演讲只是为了获得认同、获得掌声，销讲的唯一目的就是想尽一切办法拿到结果，收到钱的同时收获客户。第二点，

第五大系统
销讲成交：销讲是塑造企业影响力的放大器

成功的销讲最重要的是建立信赖感，你的专业度如何？有没有专家等信任背书？有没有准备足够多的、真实的成功客户见证？第三点，如何想尽办法让听众喜欢上你、感受到你纯正的初心？如何塑造产品价值才能让听众感受到有直接的好处？销讲高手都是卖效果、卖好处，而不是卖成分。"

当课程结束后，魏光明用在销讲之道上学到的方法举办了几场商学院课程培训。仅在成都举办的"金融技术交流会"上就成交了20万元，把首富思维的所有学费全部赚了回来；同时，他还谈下了拥有200多人团队的成都合作公司和武汉合作公司。如今，在首富思维的协助和引导下，魏光明在云南成立了新的金融服务公司，又开始了他新的创业征程。

魏光明通过销讲使自己重构信心，同时重新踏上创业的征程。其实，这些只是销讲带来的一小部分好处，而销讲所带来的好处远比这更多。那么具体来说，销讲能带来哪些好处呢？

第一，销讲可以实现业绩倍增。

曾经一无所有的马云，通过一次销讲，在6分钟内获得了2000万美元的投资。对于一个中小企业来说，销讲也可以让你的业绩直线倍增，可以让你在1天内获得别人1年的收入，在1年内完成别人10年的业绩。我的每一次讲课过程，都是教人收人、收心、收钱，给更多客户埋下无法抗拒的种子，我的业绩也是直线上升的，我也正是通过销讲完成了原始的积累。

第二，销讲可以节约80%的奋斗时间。

过去创业时，我们看别人做生意赚到了钱，自己也跟着风口去做。但在现如今的移动互联网时代就不一样了，盲目跟风是无益的，而销讲可以让人实现一对多批发式的销售，快速获得更多现金。

我们发现过去一对一的销售方法，对于提高销量来讲有一个很大的弊端，特别是在这样一个产品多样化、新品层出不穷、客户挑剔的时代。那反过来说，如果我们会销讲，就可以在短短十几分钟时间内实现更多成交量。如果团队销讲做得好，就可以轻松实现兵不血刃、攻城略地。

对于中小微企业的老板来说，我们必须要有勇气向别人去讲述自己的商业理念和创业梦想，然后通过整合带领更多的人走向未来。当今企业的老板都是很会销讲的人，都是能够站在台上把未来讲清楚、把产品核心竞争力宣传出去的人。雷军是这样的人，董明珠、罗永浩、李佳琦、薇娅等都是这样的人。他们能以超人般的自信，在最短的时间内与人沟通，达到人与人之间的心灵共鸣，进而大大节约了奋斗时间，同时影响了别人、帮助了别人。

第三，销讲可以快速吸引3A级客户。

3A级客户一般要满足有购买力、有决策权、有需求这三个条件，这样的客户才是客户中重要的客户。销讲可以快速吸引这样的3A级客户。

有购买力是最基本的要求。你在寻找客户时首先要想到的是，这个人是否有购买能力。如果你向月收入只有2000元的人推销一辆宝马车，尽管他有需求，但他是没有购买力的。

有决策权就是对某件事情能做主、能拍板。很多人最后未能成交的原因就是找错了对象，找了一个不能决定购买的人，以致浪费了很多时间。

有需求也是非常重要的，没有需求，即使他有购买力、有决策权，也不会对你的产品感兴趣，自然不是你的潜在客户。

第四，销讲可以快速倍增资源、倍增人脉、倍增渠道。

当你拥有了强大的影响力后，你只需要一场销讲就可以让别人愿意与你合作，你也可以进入更好的环境，认识更多名人，获得丰富的资源和全新的思维，走向更灿烂的人生。

我自己做了这么多年的销讲，很清楚人脉对于自身发展的重要性。拥有好的人脉可以让自己事半功倍，从而赢得更多的成交机会。

如今的互联网，早已经打破了时空的限制，信息生产者越来越多，信息量也变得巨大。同时，互联网的网络效应让终端和客户端的集中度越来越高。通过销讲这一方式就可以让产品内容传播到每一个接收终端上，渠道成了新主流。

第五，邀请相关领域的权威专家进行销讲更容易促成成交。

很多客户的信任来自专家的权威与专业，所以找到相关领域更权威的专家来进行销讲，是非常容易促成成交的。有的企业专门从国内或国外请一些专家进行销讲，取得了不错的效果。

第六，邀请具有公众影响力的人进行销讲更容易促成交易。

从"口红一哥"李佳琦、"淘宝一姐"薇娅，再到不甘寂寞的罗永浩、格力女王董明珠，他们纷纷利用自己的公众影响力，进行直播带货，这其实就是一种另类的销讲。以格力女王董明珠来说，当她与主持人一同出现在快手直播间时，仅仅"露脸"30分钟，就卖掉了1亿元的产品，到直播结束时，总销售额达到了3亿元。不得不说，这就是直播销讲的魅力。

第七，学会销讲，可以快速裂变团队，快速裂变股东。

一个人成功了，我们再把这个人的经验复制给团队里的其他人，这样团队里的每个人又可以自己组建一个团队，这些人都会成为行业里的人才。通过打造销讲人才，会有更多的人成为优秀的销讲者，实现团队裂变，最后成为企业的股东；而同样的方法，又可以快速裂变出无数个股东。

总的来说，学会销讲的好处还有很多，最终我们能通过销讲实现财富自由。

英灿点醒

1. 销讲可以卖货；销讲可以招商；销讲可以众筹。
2. 没有卖不出去的产品，只有不会塑造产品价值的人。
3. 我们只要成交高手，只有成交高手才能让我们"活"下来。
4. 如果要我去掉其他的能力，只留下两个的话，我的选择是：一对一销售能力和一对多销讲能力。

第三节　今天是依靠用户传播的时代

有人这样说："许多年以后，当我们要描述这个时代的中国人对美好生活的向往，天猫'双十一'全球狂欢节恐怕是一个标志。"它标志着新零售时代的正式开启。如今，不管是线上电商还是线下实体零售，新零售已经成为这个时代的共识。作为中小微企业的老板，我们有必要去摸清这个时代的一些新规则和新玩法，唯有弄清楚这些，才有可能获得更多的物质和财富。

我们能看到，在新零售时代，线下门店的发展机遇与挑战并存。用户的个性化需求不断突出，体验式消费、智能零售都将成为门店突破传统的门槛，继而新零售发展机遇的重要部分。在这样的挑战下，许多传统小微企业也开始顺应趋势进行管理与服务的优化提升，而VIP会员管理则是其中重要的一环。有效管理VIP会员，将会有助于小微企业扩大市场份额，提高企业的经济效益。

传统小微企业如何用VIP会员模式锁定顾客，将"粉丝"群转化为持续不断的现金流？如何将一次性的顾客变成客户，将客户变成会员，从一生一次变为一生一世？

VIP会员，是企业最重要的客户。一个企业80%的业绩和利润都来自20%的VIP客户，而剩余80%的客户只为公司带来了20%的业绩和利润。所以，经营好VIP客户就等于抓住了企业的业绩和利润的关键。所以，作为老板，要将80%的时间、精力、人力、财力、物力用来经营好那20%的VIP客户，这样你的企业才能活得很滋润。如果你的企业没有VIP客户或者没有经营好VIP客户，你的公司难以长久地生存下去，倒闭是迟早的事情。

VIP客户不光来自线下，也可能来自线上，开发线上VIP客户才是我们在这个时代里最应该做的。因为，大家已经很熟悉如何开发线下VIP客户了，但是线上VIP客户的开发对于大多数人来说，还是一知半解的。还有一个更重要的就是每年能给企业带来80%收益的那部分员工，也就是你的核心班底，他们可以说是你更重要的内部VIP客户。99%的企业都有自己的核心班底，要知道，外部VIP客户与内部VIP客户同等重要。

在过去，如果要开工厂，就要去招聘员工，建立市场部；如果要开门店，就要招聘营业员、导购员和服务员来进行促销；如果要开公司，就需要去招聘业务员，打造销售团队来销售产品。这些都是习以为常的做法。公司要解决销售问题、收入问题，几乎采用的都是这样一种做法。其实，这是一种根深蒂固的思维模式。这种思维模式就是创办公司，招聘员工，打造团队，把团队训练成狼性团队，给他们设定目标，进行业务技能的培训和心态的培训，以及销售技巧和销售话术的培训，让他们能够快速锁定客户，用促销和推销来缩短客户犹豫的时间，这样才能快速占领市场，创造收入，维持运营。但是，这种传统的做法只适用于以前。原因很简单，从前产品相对稀缺，而客户资源相对泛滥，客户资源到处都是，那个时候用这种传统的方法是最有效的促销手段。

现如今时代改变了，当下再用这种传统的推销方式、促销方式，以及传统的门店坐等客户上门的方式，已经基本起不到作用，没有多大效果，投入跟产出已经不成正比。这是为什么呢？因为，现如今产品不缺，但客户资源却非常匮乏。做生意要有客流量，没有客流量也就是没有人气，没有人气哪来销量？

现在再去做传统的推销、促销，已经没有什么效果了。因为传统的业务模型都是靠员工推销和导购促销来获得收入，在门店等顾客。如果推销不够，我们就举办各种促销活动，靠打折、降价来吸引更多顾客。比如，今天你去买衣服，买一件大衣，商场打九折，买两件打八折；再比如招商，你今天在我这里拿了100万元的货，我会给你返10个点，这就是促销。

过去很多企业还喜欢导入狼性文化，比如举办销售对抗比赛，把那套理论用在销售体系上。团队进行攻击性的销售，曾经取得了明显的效果，在过去也是有效的，它可以所向披靡、百战百胜。

但是在今天，这个方法已经受到怀疑了。为什么把员工打造成"狼"，去做推销、促销，进行攻击性的销售这一套已经没有效果了呢？核心原因就在于，在信息泛滥的时代，客户的选择空间比较大、比较多。当你把员工培养得非常好，哪怕是把他打造成非常厉害的"狼"，员工出去却根本看不到"羊"，或者"羊"因为感受到攻击性，一看到员工，就躲得远远的了。传统的推销、促销、电话营销、门店坐等顾客、降价销售、打价格战等手段，已经没有多大效果了。那么，我们该怎么办？

如今是用户传播取代销售和推销的时代。顾客来我们店里买我们的产品，认可我们的产品之后，我们让顾客帮我们进行传播、分享，裂变营销，而不是靠员工去推销和促销。

那我们发动谁去做这件事呢？以我们首富思维为例，我们要发动每一位学员，在听完我们的课程之后，如果觉得我们的课程非常好，能够真真正正地帮助大家引爆现金流，能够真正地帮助大家转型成功，能够真正地帮助大家解除更多的限制，请在听完这堂课后发自内心地把我们分享给身边的人。

当下，每个人身边都有几个做生意的朋友和亲戚。当学员听完我们的课程，非常认可我们的课程和课程体系以后，就会把我们的课程分享、传播、转介绍给他身边的朋友，这就是调动了用户的力量。这时，用户的传播取代了推销和促销。

我们为什么发动学员的力量进行分享、传播、转介绍呢？以商学院的线上课程为例，只要有用户帮忙传播、分享、转介绍，就能真正实现用户裂变，真正实现转型升级。如果按照过去的做法，比如，我们公司拥有 200 名员工，除去工资之外，再加房租和水电费，公司每个月的硬性成本就是100多万元，压力非常大。

那么，我该如何突出重围呢？唯一的出路就是用互联网思维将重资产变成轻资产，用互联网思维将雇用制变成合伙制，人人都能当上CEO（首席执行官），个个都能成为经营者。用轻资产取代重资产，把业务模型从靠员工推销和促销转型升级为靠用户传播、分享、裂变、转介绍，直到最后增加现金流。

英灿点醒

1. 一个企业80%的业绩和利润都来自20%的VIP客户，而剩余80%的客户只为公司带来了20%的业绩和利润。

2. 说服客户之前先说服自己，爱上客户之前首先爱上自己。

3. 人的潜能是无限的，一切都是有可能的。

4. 给消费者一个非买不可的理由，一个无法抗拒的购买主张。

第四节　企业转型升级的五个阶段

2020年注定是不平凡的一年。随着疫情在全球蔓延，人们不得不待在家里。很多小微企业因为这次疫情面临着极其艰难的挑战。

我发现有很多小微企业中途夭折，"春节假期还没有放完，公司快完了"成了很多小微企业的真实写照。同时，我也发现有的小微企业在疫情期间不断进行反思和调整，积极推进线上转型，获得了"生"的希望。所以，在互联网浪潮推动的新经济体系之下，小微企业向线上转型、向智能化方向发展是新的趋势。这些年来，小微企业的转型升级大致分为五个阶段，下面对这五个阶段一一进行分析。

第一阶段，企业 1.0 时代：产品为王时代。

在企业 1.0 时代，很多企业根本不需要招聘销售，只需要两个方法就能把钱赚回来了。一是靠产品的品质。当你的产品有着非常好的品质，价格又很低廉，你就很容易形成口碑，这个时候品牌通过口碑相传，产品很快就能卖出去了，资金就能收回来了，正所谓"金杯银杯不如老百姓的口碑"。二是广告宣传。以前成功的大企业都是在央视上进行广告宣传，这些企业正是通过打广告发家的。我们以娃哈哈为例，娃哈哈当年最经典的广告是"喝了娃哈哈，吃饭就是香"。在这则广告中，一位妈妈正在为孩子吃饭的问题而犯愁，当孩子喝了妈妈给他买的娃哈哈后，顿时食欲大增。因此，娃哈哈一经面市，受到了广大消费者的欢迎。

为什么在那个时代里企业通过打广告就能够取得不错的效果呢？因为那个时候产品相对稀缺，有钱也不一定能购买到需要的商品，这时只要你能生产或进到优质的产品，就能把产品销售出去。但是时代的车轮总是向前的，这个时代很快就过去了。

第二阶段，企业 2.0 时代：销售为王时代。

传统的市场营销理论以 4P 营销理论为核心，这一理论是四个基本策略的组合，即产品（Product）、价格（Price）、渠道（Place）、宣传（Promotion）。下面将详细展开这四个基本策略。

策略一，产品。你的产品怎么能赚到钱呢？通常有三个做法。

一是低成本。如果产品成本非常低，你就可以低价销售给消费者，此时消费者就会闻风而动。比如，整天喊着"天天低价"的沃尔玛采用的就是这种策略。二是差异化。当你的产品与别人不一样，你就能做出自己的特色。三是多品类。如果你没有低成本，也没有差异化，那你只能提升自己的产品种类。

策略二，价格。你的价格怎么提上去？当你的产品有了差异化，你的产品就会"物以稀为贵"，这时卖的价格就可以比别的高。有差异化就能定高价，没有差异化就只能定低价。

策略三，渠道。当你的产品做好了，价格也定好了，你就可以进行渠道开发，可以招代理商、招批发商、开招商会，进行连锁经营。

策略四，宣传。市场营销最终的竞争就是谁的销售能力强，谁就能赢在终端。

以超市为例，我们去超市会发现各个柜台前面会有一些导购引导你去购买指定的产品，这就是厂家专门设计的一种促销手段，这是一种销售行为。当你的产品已经通过渠道接触到了顾客，如何快速吸引到顾客，就成了促销的核心。所以，我们将这个时代称为销售为王时代。

为什么销售为王时代也已经过去了？为什么今天的销售越来越无效了？因为已经进入更新的时代，我们连顾客都接触不到了。在促销推销之前，很多顾客就已经被别人给拦截下来了，此时传统销售方法已经落伍了。

第三阶段，企业 3.0 时代：第三空间时代。

什么是第三空间？美国社会学家欧登伯格这样指出，如果家庭居住空间是第一空间，职场（单位、公司）是第二空间，那么城市的咖啡店、酒吧、博物馆、图书馆、公园等公共空间就是第三空间。

有一家公司就是因为创造了第三空间，而获得了巨大的成功，这家公司就是星巴克。20世纪90年代，星巴克率先采用"第三空间"概念重新定义咖啡馆，以这种既不是家庭又不是办公室的中间状态抢占了市场。后来更多消费者把星巴克作为家庭和工作之外最佳的休闲场所，使星巴克获得了非常高的顾客黏性。有人表示，如果你不在家里，也不在办公室，你就是在去星巴克的路上。这才是星巴克背后成功的秘密。

互联网时代，所有线下实体店都面临着巨大的冲击，大量线下实体店的顾客转移到了线上，那么为什么第三空间还能在那个时代里生存呢？其中一个很重要的原因就是情感的链接。也就是说，我来到你的店里不仅仅是为了买东西，而是这在我的生活中已经成了一种习惯，我就想来你的店里坐坐、喝咖啡、喝茶、聊天、发呆。所以，现在实体店的真正价值不再是单纯提供服务，实体店更多提供的是一种体验。

如果你也想在第三空间有所发展，你必须把提高第三空间的质量作为关键点，否则你很难找到机遇空间。还是以星巴克为例，现在星巴克最大的问题是场景功能单一化、移动化程度不高，顾客除了喝咖啡、谈事情外，不能进行其他有效的社交和娱乐活动。所以，我们在打造第三空间时旨在解决行业的痛点，建立一个工作和生活多场景切换的第三空间综合体，以满足人们的多种需要。

第四阶段，企业 4.0 时代：网红时代。

如今是全民网红的时代，如果你还不了解直播带货，还不知道李佳琦、薇娅是谁，你就已经与时代脱节了。李佳琦一天销售的口红可以抵得上一家上市公司的营业额；而薇娅更是神奇，在淘宝直播间以4000万元的价格卖出直播史上首单火箭……今天的网络销售已经演变成了主流销售模式。

也许你不知道李佳琦到底是做什么行业的，也不知道薇娅是做什么产品的，这些都不重要，重要的是他们通过抖音、淘宝、快手等平台积累了千万"粉丝"。在当下，他们通过网上直播就能卖掉产品。这就是为什么今天中国整个大环境的人口并没有减少，但线下门店顾客却越来越少，因为很多顾客流量已经被新的平台拦截了。像抖音、快手这些平台，让网红可以直接接触客户，去掉了中间商环节，直接跳过了传统的时间局限、空间局限以及产品行业的局限。事实上，微商的崛起，也是同样的模式。

有的老板问我："老师你怎么看直播这个行业？"其实确切说，直播并不属于一个行业，它是所有行业的平台工具，很多业务通过这个平台工具就可以在网上轻松完成。

第五阶段，企业5.0时代：卖生活方式的时代。

很多老板觉得自己没有跟上网红时代，显得有些落后了，那也不用急，我们可以去迎接下一个时代。下一个时代是企业5.0时代，我们可以称之为卖生活方式的时代，把"粉丝"变成客户，把客户变成会员，然后卖给他们更好的生活方式。

为什么企业5.0时代是卖生活方式的时代？这是未来3~5年乃至未来10年最大的机会，因为你想要靠消费者帮你分享传播，你就不能卖产品；因为你卖产品，别人是不会给你传播的。这时你要卖什么？你就要卖生活方式。

可能有的老板很困惑，到底什么样才算是生活方式呢？为什么是卖生活方式而不是卖产品呢？为什么不能再去推销促销，要靠用户分享传播呢？

如果你是一名服装导购，有人来你这里买衣服，你会千方百计地向对方推荐各种漂亮衣服，可能最后对方也只是试穿而已，你也只是白费了很多的辛苦。对方试了这么久为什么没有发生购买行为呢？你有没有考虑过背后的行为需求呢？顾客为什么来买衣服呢？其实她真实的需求是变得更漂亮，所以你此时应该为她提供让她变得美丽漂亮的解决方案，而不只是单纯销售衣服。

你要考虑你能为顾客提供一种什么样的生活方式，你是想为顾客提供一种健康的生活方式。还是一种美丽的生活方式？

未来做服装、做鞋子、做化妆品、做美容美发等几个看似完全不搭界的行业，最终都会成为同行。因为你们面对的，都是同一群顾客，这群顾客需要得到变美丽、变漂亮的方案。以往人们做生意都是各做各的，现在以及未来所有不相干的行业都要进行联盟，实现联合提供整体解决方案。接下来，纯粹卖产品的企业将会在市场上逐渐消失。

这个时代留给我们各个行业最大的机会，就是卖会员、卖生活方式，把大多数人向往的生活方式卖给会员。那么具体怎么操作呢？一共分为三个步骤。

第一步，制作会员入口，吸引庞大的用户流量。因为客流量是一切生意的本质，如果没有流量，所有的企业都逃脱不了关门、倒闭、破产的厄运。

第二步，以教育培训为手段，教所有的会员一种健康的生活方式。

第三步，以社群、团购等养成消费者的习惯，然后透过会员实现裂变、分享、转介绍。因为我们手上拥有庞大的用户流量，我们可以直接对接厂家，以更低廉的价格拿到更多、更好的产品卖给顾客。

互联网时代发展到今天，互联网公司给我们留下的最大机会就是经营会员，而经营会员就是一种生活方式。

英灿点醒

1. 5.0的时代是卖生活方式的时代，把你的"粉丝"变成你的顾客，把你的客户变成会员，然后卖给他们更好的生活方式。

2. 要想得到，先得付出，只有让对方得到他想要的，你才能得到自己想要的。

3. 凡是不是人们发自内心地需要的产品，最终都会消失。

4. 过去一棵树跟另一棵树竞争，未来是一片森林跟另一片森林竞争。

阅读思考

1. 你的企业停留在哪个时代？目前，对你来说存在的阻力和压力是什么？

_____

_____

2. 在企业5.0时代，未来你的企业应怎么发展？

_____

_____

第六大系统

企业文化：唯有文化，才能生生不息

有人说，如果把一个公司比作一个人，企业文化代表着这个公司的性格，体现着这个公司的气质；也有人说，企业文化就是一个团队的一言一行，是点滴形成的。我认为这些都对，一千个人眼中有一千个哈姆雷特。但有一条是不变的，企业文化是老板的文化。对于小微企业来说，资金、人才、技术等显性资源方面本身就处于弱势，要想在现代社会的竞争中取胜，就要在企业文化上多下功夫。正如任正非所说：资源是会枯竭的，唯有文化才会生生不息。

第六大系统
企业文化：唯有文化，才能生生不息

第一节　文化是企业的灵魂，而不是简单复制

古希腊伟大的哲学家柏拉图曾说过三个经典的哲学命题，即我是谁？我从哪儿来？我要去哪儿？同样，一个企业也要面对三个哲学命题，即你为什么要成立这家公司（愿景）？为什么做这件事的是你，而不是别人（使命）？你将如何实现，并以什么行为准则为导向（价值观）？

愿景、使命、价值观，这些就是你的企业文化。企业文化是企业的灵魂，使命是灵魂的重中之重。企业文化这么重要，为什么很多企业却一直做不好呢？这些企业的文化是怎么来的？我在培训过程中有如下发现。

第一种，你听了某位讲师的培训课，讲师会列举诸如使命、诚信、积极、向上、感恩、奉献等正能量词语，你从中选几个有代表性的词语，把这些词语拿回去找到广告公司精心装裱一下，贴在公司比较显著的位置，就把这当成了公司的企业文化了。

第二种，你原来在某家公司上班，你自己出来创业后，直接

照搬照抄原公司的企业文化。

第三种，你实在想不出企业文化，直接在百度上搜索一些大公司的企业文化。比如说，联想的企业文化是"不忘初心，产业报国"，你把它复制下来，稍加修改，使之变成了自己的企业文化。于是每天早晨你带着手下的员工一起背，可事实上的行为与墙上贴的标语是不符的，因为这本身就是别人的企业文化。

倘若你贴在墙上的标语和公司的企业文化不符，明明没有家庭的氛围和感觉，对企业也没有爱或者爱得还不够，却要做家庭文化；明明老板本人都不爱学习，却要做学习文化……这样又怎么能服众呢？下面的员工会瞧不上这样的老板。

一个公司的企业文化就是这家公司老板行为的外在体现，企业文化是通过行为来体现的，而员工会拿老板的行为与这些文化标语对比。结果发现完全不符合，这时员工又怎么会信服呢？当所有的员工都不认同企业文化时，组织就没有了灵魂，失去了生命力，长此以往只会走向灭亡。

所以，我奉劝所有企业老板，抄企业文化很容易把企业抄倒闭。你抄来的企业文化，是和你的公司氛围，和你本身不相符的，是很难做到的。我们说打造企业文化是把老板的优点和理想以文字的形式展示在公司，深入全体员工的头脑深处，这才是正确的做法。但是，你把抄来的文化用在自己身上，把自己塑造成公司里的"神"，结果自己又做不到，就是自己挖坑把自己埋掉。

现在培训界的很多"超级讲师"，所讲的内容其实都是在毁灭企业。这些"超级讲师"让你抄他的课上内容，然后你把这些内容拿回去，当作你自己企业的企业文化，结果把自己的公司抄"死"了。

所以，我奉劝那些刚刚创业的企业老板，不要照抄任何人的文化，尤其是那些所谓的正能量的词语，包括首富思维的，你照抄照搬的结果只有一条，那就是把你的公司做倒闭了。

英灿点醒

1. 企业文化是企业的灵魂，使命是灵魂的重中之重。
2. 抄企业文化容易把企业抄倒闭。
3. 走得越远见识越广，人脉越宽，事业越大，不能坐井观天！
4. 观世界才能产生世界观，观人生才能产生人生观。

第二节 真正的企业文化从心灵深处而来

如果一个公司没有企业文化会怎样？所有员工眼里就只剩下一个字——钱。有钱我就去做，赔钱我就不做。公司一旦遇到了危险和困难，所有人都会跑掉；员工只能有福同享，但没有一个人愿意有难同当。所以，企业文化一定要从心而发，一定要从你的心灵深处发出来。

任何一家企业，其文化必须从老板的心灵深处而来，不要去照抄别人的文化。一个真正有文化的公司一定会有神圣感，一个没有文化的公司不会有神圣感，这样的公司只有铜臭味，铜臭味与神圣感是背道而驰的。

如何打造企业的神圣感？我们常说经济基础决定上层建筑，如果你的员工本身生存都成问题，那么，你的企业文化是做不起来的。

企业文化是什么？企业文化是企业的愿景、使命、价值观，这是一种大爱，但大爱必须从小爱开始积累。比如，你要让家人不缺钱花，这才叫爱，一个连自己家人都不爱的人怎么可能爱企业、爱员工呢？你要让员工有房住，这才叫爱；你要让跟随你多年的员工开上好车，这才叫爱；你要让客户花100元在你公司获得800元的价值，这才叫爱；你要让股东拿到分红，这才叫爱。做到上述这些后，你再去做企业文化，这样才能让别人感受到你企业的神圣感。

做文化的目的就是找到神圣感、生出神圣感。那么神圣感从哪里来？

有个老板通过经营一家企业赚了三亿元，后来这个老板不想再做下去了，想带着全家移民。当这个老板收拾好行李带着自己的家人走出家门的一瞬间，他发现门口有300多名员工都在看着他。

这300多名员工齐声说："老板，你走了我们怎么办？"这个老板眼泪一下就掉下来了，他不忍抛下这些同甘共苦的兄弟，感觉自己肩上的担子很重，还有300多名员工要养，还有一支"铁班底"想跟着他奔未来……于是，这个老板决定不移民了，留下来再把工厂办起来，给这300多名员工一个交代，给他的"铁班底"解决未来的问题。

这是什么？这就是神圣感。一个有神圣感的组织才会有生命力，一个没有神圣感的组织不会有生命力。

1. 神圣感缘于被崇拜

神圣感的力量来自哪里？以两个水平相当的拳击手打比赛来说，全体育馆的"粉丝"为其中一名拳击手尖叫、为他欢呼；而另外一个拳击手，台下没有一个"粉丝"。你觉得他们俩谁会赢？答案肯定是那个有一群崇拜者的拳击手会赢。

这时我们就会明白，神圣感来自哪里？来自被崇拜。你能被多少员工崇拜，你就能获得多少力量。为什么很多公司里的员工会在背后说老板的坏话？因为这些公司没有神圣感。如果公司有了神圣感，谁还会说、谁还敢说？同样，你能被多少客户崇拜，你就能获得多少力量。如果一个老板不被客户崇拜，不被员工崇拜，这个老板本身是没有力量的，他会觉得自己浑身无力、身心俱疲。

2. 被崇拜缘于被需要

一个人为什么会被崇拜？小孩子刚生出来的时候，为什么总是离不开妈妈？为什么有些孩子一躺在妈妈怀里就很幸福地睡着了？所有这一切缘于被需要！你被多少人需要，就会有多少人崇拜你；因为你被需要，所以你被崇拜。

如果今天你创办企业有5年的时间了，可团队还没有过百人，说明你的经营有问题，你的人气还不够旺，你组建团队的能力还有待提升。因为你的员工少、客户少，所以需要你的人就少，你的生意就做得不好，你的力量就不强。你若想从小企业向大企业迈进，就要让更多人需要你，让更多人崇拜你，这样才能提升你的力量、加深你的企业文化，把你的企业做大、做强。

> **英灿点醒**
>
> 1. 一个有神圣感的组织才会有生命力，一个没有神圣感的组织不会有生命力。
> 2. 神圣感缘于被崇拜，被崇拜缘于被需要。
> 3. 要有纯洁的初心，宏大的使命，远大的理想。
> 4. 普通人站在过去看现在，高手站在未来看现在。

第三节　你能成就多少人，就有多少人成就你

为什么我们常说做企业就像是上了"贼船"一样？因为你一旦上了船，就再也回不去了，只能向前走。有人说创业难，守业更难。但我认为没有守业，只有创业，你需要不断地向前创业，让更多人需要你。

当年我创业时，给自己设定的第一个目标是单场成交过1万元，结果我第一场成交了18万元。我的员工说："英灿老师，你的成交率真高。"我当时是不相信这个成就的，因为我的内心里把自己当作新手。

第六大系统
企业文化：唯有文化，才能生生不息

到了第二年，我设定的单场目标是成交额过 10 万元，结果我单场最高成交了 74 万元。我的员工又说："英灿老师，你的成交率已经达到了 100%。"我当时还是不信，我依旧认为我还是个新手。

到了第三年，我设定的目标是单场成交额过 100 万元，结果这一年我的单场成交额都突破了百万元，最低成交额是 104 万元，最高成交额是 170 万元，而且成交量都在百分之六七十。我的员工说："英灿老师，你的成交额已经非常高了。"我还是不信，我还是把自己当成新手。

后来我相对破了一个纪录，单场成交额达 570 万元，后来实际收了 612 万元。我的员工说："英灿老师，你已经很厉害、很棒了，成交率这么高。"但我还是不信，我依旧认为我是个新手。当我单场成交过千万的时候，我依旧认为我还是个新手，比起了李佳琪、辛巴、董明珠等人，我还差得太远。所以，我给自己定的目标是一定要在创业第五年的时候单场成交额过亿元，创业十年之内，不管是线下的会销还是线上的直播，必须单场成交额过十亿元，才算真正开启我的销讲之路。而现在只是刚刚开始，在这些大佬面前，我还只是个新手、只是个学生而已！

想一想，为什么我会被需要？因为被需要来自成就人，你能成就多少人，就会有多少人需要你。为什么我会拼命地提高成交率？因为我的员工需要生活，我有两三百个员工要养活，他们要吃饭、要买车子和房子。如果我的成交率是 10%，我的员工邀约 10 个，我只能成交 1 个，那么我的员工就会非常辛苦；如果我的成交率达到 20%，员工的收入就会翻倍；我成交率达到 40%，员工的收入会是原来的 4 倍。当我把成交率做到 50% 以上时，员工

差不多 10 个人成交 5 个。当我做到 70% 的时候，约 10 个老板中能成交 7 个的时候，员工工作就不会那么拼，就不会看不到希望了。而这个时候老板成长一点点，员工的收入就会翻 3 倍、5 倍、10 倍。就算干部成长很快，老板不成长，企业也只能进步一点点。所以，培训界的生死关键来自哪里？它主要来自成交率。如果我的衣服扣错了，就不好看了，做企业的第一颗纽扣是什么？就是两个字——成交。

所以说，你能成就多少人，就会有多少人需要你。那你的成就感来自哪里？也是成交率。做生意都是这样，有成交率就有成就感，没有成交率就没有成就感，你就是死路一条。为什么你的店关门了？没人买东西，肯定就关门了。为什么你创办的公司倒闭了？因为你卖不出产品，没有成交率，肯定就倒闭了。

我身边很多老师、很多老板都跑来和我一起做这个事业。为什么他们愿意放下自己的公司选择和我一起做？成就人来自哪儿？来自你善待身边人。你能善待多少人，就有多少人被成就，就有多少人需要你；你能善待多少人，就能聚集多少人气。

一般来说，好公司有两个特征，一是不缺人，二是不缺钱；烂公司也有两个特征，一是缺人，二是缺钱。为什么好公司既不缺人又不缺钱？因为公司的老板一直在善待身边人。

我们想一想，过去创业靠什么？靠的是胆量，就是说过去创业你只要有胆量、敢干，你就能赚到钱。因为那个时候物资奇缺，只要你有胆量，把 A 地的产品运到 B 地去卖，赚差价就能赚到钱。现在创业靠什么？现在赚钱靠的是智慧，谁脑袋里有智慧谁就会成功。但是这个社会上聪明的人实在太多了，可为什么有的人到最后还是一败涂地呢？因为他的胆量已经过时了。未来创业靠什么？未来创业靠价值观，谁的使命最宏大，谁的理想最远大，未来就是谁的天下。

以沃尔玛为例，沃尔玛当年只是一个杂货铺，沃尔玛老板山姆·沃尔顿说要开一家小超市，然后让大家来超市里买东西，买全世界最便宜的东西。所以沃尔玛的经营策略就是天天低价。

再以万科集团（以下简称"万科"）为例，万科的创始人王石做了70多个行业，有的行业赚钱，有的行业赔钱。1993年年底，王石决定只做房地产住宅。想一想，人们为什么要买房子？不就是为了住得舒服嘛。王石决定要做全中国最好的物业，因为物业好了，人们才能住得舒服。所以，万科重要的卖点之一在于物业。到了2012年，万科的营业额就超过了1412亿元。

还有滴滴出行（以下简称"滴滴"），为什么程维要去做滴滴？为什么优步"死"过一次，滴滴却还活着？人们打车通常会等多长时间心里就会烦躁，而不想打了？当年天使投资人王刚给滴滴投资了70万元，他拿出12万元聘请了一个首席打车官，来做打车体验。后来他发现在北京三环打车，人们只要一等就会有烦躁情绪，于是他判断出客户放弃的时间是90秒。所以，王刚做了一个倒计时器，这个计时器能精确到你所打的车几分几秒到你面前，它还离你有多少米，它还要转几个弯，所有的这一切会让你心里有底，你就愿意等了。滴滴能活下来的原因，就是它让打车变得更方便。

我们再来看首富思维为什么能活到今天？其实首富思维里并没有什么大师，也没有什么名师，我也没有什么名气，但为什么到今天首富思维还能发展得这么好呢？为什么我的成交率高呢？因为我们首富思维所有的课程都是为一句话服务，这句话就是

"让世界上少一家倒闭的公司，多一家发展的公司"。我所做的一切，就是为了让小微企业能活下来，这是首富思维的使命。我的八大系统讲的所有内容，都只有一个目的：让你的企业活下来，让你有钱发工资，让你有钱交房租，让你有钱进货，能够好好发展下去，把业绩增长起来，把收入增长起来，把利润增长起来，把价值增长起来。因为我自己创业时，我的企业也曾经"死"过，欠下几百万元的债务，我知道那是什么感觉。

我们如何去善待身边人？你只要把那些愿意和你在一起的人身上的气质，诸如领袖气质、魅力等用在自己身上，你就能把你那个领域、你那个行业最顶尖的人才，吸引到你身边，这也是你的真本事。能创造奇迹的人才集中在你身边，独一无二的人才能在你身边，你也必成大业。如果今天我什么都不懂，别人可能就会看不起我。但是当我的力量远远超越那些专家型、顶尖人才的时候，他们的头脑深处也会闪现出三个字——崇拜感，他们就会愿意把他的下半生交给我，和我一起奋斗。

所以我拿什么善待身边人？拿什么成就身边人？答案只有一个，那就是拼命地成长。就像当年我创业的时候给自己不断设定目标，成交额从单场的 18 万元到 612 万元，都达成了。如果当年我不拼命地成长、拼命地学习，我怎么能达成这样的目标？怎么能驾驭这么多人才？当时我给自己定了五个目标：单场成交额过万元、单场成交额过十万元、单场成交额过百万元、单场成交额过千万元、单场成交额过亿元。后来看到辛巴、董明珠、罗永浩等人直播带货的场均成交额后，我又给自己增加了一个新目标：单场成交额或者直播带货成交额过十亿元。

截至目前，六个目标我只达成了四个，从单场成交额 18 万元到单场成交额612万元，再到单场成交额过千万元。我还差两个目标没有实现：单场成交额或者直播带货成交额过亿元和过十亿元。所以，我还得继续拼命地学习、拼命地成长，剩下的两个目标是一定要实现的，无论需要努力多久。因为我相信，没有不合理的目标，只有不合理的期限。

当一个老板的格局大了，再也回不到原点。如果你要做到昆明第一名，这时有人帮你一起做；你想做到云南省第一名，这时有人才帮你做；如果你想做到中国第一名，这时会有顶尖人才帮你做。

反之，如果你的目标只是做到县城第一名，这些顶级人才，他们还愿意和你做吗？你还能招到人才吗？肯定是不会的。所以，如果你不拼命地成长，你的力量、你的知识体系、你的见识不是最高的，别人就没有理由会跟随你，也不会愿意把下半生交给你。归根结底，拼命成长是你唯一的出路。

英灿点醒

1. 被需要来自成就人，你能成就多少人，就会有多少人需要你。

2. 拼命成长是你唯一的出路。

3. 过去创业靠胆量，现在创业靠智慧，未来创业靠价值观！

4. 生命的力量格外强大，就像种子，只要它发芽，它就能穿过黑暗，顽强地找到阳光。

第四节　使命设计的六大问题和四个力量

作为小微企业的老板，该如何寻找自己的核心价值观？进行使命设计。要知道，你的成长和大家是有关系的，绝对不要去抄袭别人家的使命，使命必须发自内心。使命该如何设定呢？在此之前，你先要问自己下面这样几个问题，然后慢慢就理出来了。

第一个问题，假设我今天死了，有多少人会为我流泪？

拿出你的纸和笔，把你所能想到的、认为可能为你流泪的人写到纸上。

这说明什么？有多少人会为你流泪，就代表了有多少人需要你，有多少人需要你就代表你成就了多少人，你成就了多少人就代表有多少人崇拜你，有多少人崇拜你，你就能借来多少力量。

第二个问题，假设我今天死了，我的故事还能流传多久？

把你的长辈写出来，从你的爸爸开始，到你的爷爷……把你能记得的长辈的名字都写到纸上。

很多人知道自己爷爷的名字，但是爷爷的爷爷又有多少人知道呢？爷爷的爷爷的故事早就消失了。我们孙子的孙子是否会记得我们的名字？很多人可能觉得做不到，但是孔子的第七十六代传人肯定知道他的祖先是谁。所以，你要去思考这个问题，你的使命从哪里来？一定是从你的内心深处而来，从你的创业故事中来。

第三个问题，假设我今天死了，我要对我的孩子说哪三句话？

如果你今天死了，把你想给孩子留下的三句话写到纸上。每个人要给孩子交代的事情肯定是不一样的，都要把它写下来。

第四个问题，假设我今天死了，我会给大学生留下哪三句话？

有大学邀请你去演讲，这时你会给大学生说出哪三句话？把这三句话写到纸上。

第五个问题，假设我今天死了，会有多少人丢掉饭碗？

假如你今天死了，是否有很多人会因此而丢掉了饭碗？如果有的话，说明这些人需要你，把这些人统计出来。

第六个问题，假设我今天死了，有多少人会因为买不到我的产品而感到遗憾？

假设今天你死了，很多客户因买不到你的产品，而感到太遗憾、太可惜了，那说明你这个人是有使命的。同样，把这些人统计出来。

现在，我们再看使命从哪里来？到底是你需要客户还是客户需要你？如果是你更需要客户，那么你的生意就太难了；如果是客户需要你的产品，那你的生意就太好了，你会有赚不完的钱。这是什么？这就是你的使命。

此外，使命设计必须要取得多方力量的支持，这包括以下内容。

1. 使命的设计必须拉动客户支持的力量

如果你做的产品是客户不需要的，你的生意就会做不下去。

因为使命的设计，必须拉动客户支持的力量。使命设计出来，客户会觉得你是为他请命的，他要支持你，那你的使命就是真实的，否则就是假的。

如果一个老板，连客户都照顾不好，那他的使命一定是假使命。什么是真的使命？就是客户一听到你说的话，就想挺你、支持你。

2. 使命的设计必须拉动员工支持的力量

你的员工能在这样的公司里工作，会感到骄傲、自豪，觉得能做这份事业很伟大，哪怕少赚点儿钱他都愿意，哪怕不赚钱他也愿意去做这件事儿，那你的使命就是真实的。

3. 使命的设计必须拉动股东支持的力量

你的股东觉得他投资这笔钱赔本了，那也无所谓，就当作做贡献了。以首富思维为例，我最初创业时投资了3.5万元，后来我再开第二个分公司、第三个分公司……直到现在为止，我没投过一分钱，但我还是绝对的大股东。这就是拉动股东的力量。

4. 使命的设计必须拉动社会国家的力量

使命的设计，还必须要拉动社会、国家的力量，让国家愿意支持你，让社会愿意力挺你。

比如说，微软的使命是让所有家庭的办公桌上都有一台计算机！就是这样一句话，把比尔·盖茨推到了世界富豪的位置。因为微软的使命是有社会责任感的，整个国家和社会都是支持比尔·盖茨的。

再拿阿里巴巴来说，马云当初多次创业失败，最后为什么能成功呢？因为他更换了使命，他觉得生意太难做了，所以他决定开一家公司，让天底下没有难做的生意，这就是阿里巴巴的使命。

当我们在设计使命的时候，一定记住这样一个核心观念，就是身上不能充满铜臭味。没有钱也愿意做的事，就是你的使命了。

英灿点醒

1. 使命设计的六大问题：

（1）假设我今天死了，有多少人会为我流泪？

（2）假设我今天死了，我的故事还能流传多久？

（3）假设我今天死了，我要对我的孩子说哪三句话？

（4）假设我今天死了，我会给大学生留下哪三句话？

（5）假设我今天死了，会有多少人丢掉饭碗？

（6）假设我今天死了，有多少人会因为买不到我的产品而感到遗憾？

2. 使命设计的四个力量：

（1）使命的设计必须拉动客户支持的力量；

（2）使命的设计必须拉动员工支持的力量；

（3）使命的设计必须拉动股东支持的力量；

（4）使命的设计必须拉动社会国家的力量。

第五节　愿景设计的三要素：时间、数字化、冲击力

我在前面讲过，企业文化是企业的灵魂，而使命是重中之重。那什么是愿景？在了解什么是愿景时，你要先认清三个问题。第一，你的企业是什么？第二，你的企业将是什么？第三，你的企业应该是什么？

这三个问题集中在一起体现了一个企业的愿景，也就是你要到哪里去，你的未来是什么样的，你的目标是什么。这三个问题不是我提出来的，是现代管理学之父彼得·德鲁克提出来。企业的愿景都是围绕这三个问题来做的。

我们看一下阿里巴巴的愿景是什么。当年，马云在一个小屋子里，对着下属开始"吹牛"，诸如阿里巴巴未来要服务中国中小企业，阿里巴巴的市值要达到50亿美元，阿里巴巴的竞争对手是美国硅谷，阿里巴巴要活102年，等等。至于阿里巴巴能不能活到102年，我现在不知道，但这并不重要，因为马云当初吹的牛多数都实现了，而这些就是阿里巴巴的愿景。

为什么大家会看到很多公司不停地业务转型，或者很多企业主公司业务不行又开另一家公司，总是觉得迷茫、总是不断碰壁呢？很多时候，最核心的问题是愿景的问题。

假设你现在每年赚200万元，你明年、后年、未来要赚的，就是1000万元、5000万元、1亿元、10亿元。未来你的业绩就是要越来越多，企业才会越做越大。企业做大以后，你要匹配多少人才、多少资金、多少资源，才能把你的企业继续做下去？把企业做下去并不是靠你拼命就可以完成的。

首富思维能做到今天不是靠运气，是因为创业第一天我就把未来全部规划好，未来5年、未来10年、未来15年、未来20年的情况，我全部都清晰地画好图纸了，全部都形成数字了。所以，首富思维要开多少家分公司、开辟多少市场、打造多少个团队、每年完成多少营业额，全部都在规划内，我只不过在执行我的规划而已。

我们来看一看怎么设计愿景？愿景设计有以下三要素。

1. 时间

没有目标的人为有目标的人打工，有小目标的人为有大目标的人打工，有大目标的人为有伟大目标的人打工，有伟大目标的人为有不可思议的目标的人打工。

没有不合理的目标，只有不合理的期限。你只要敢定，任何目标都能达成，任何梦想都能实现。今天不行明天，明天不行后天。大多数人太在乎一两年取得的成绩，却忘了五到十年取得的成就。

过去加入培训行业，前五年我的目标很简单，把自己变得值钱；后五年开始创业，现在创业五年还不到。有人问我："英灿老师，你的梦想是什么？"那么我来回答，我的梦想就是在创业的路上遇到一群有情有义的人，干一件惊天动地的大事，过一个绝对精彩的人生，拥有30～50年精彩、有担当的回忆。

有人可能还会问："老师，你10年之后做什么？"我说："10

年后、20年后、30年后，我都会在讲台上讲课。50年之后，我想我在分享我的成功经验。"

有一次，我给我们的讲师、总经理和总裁开会，我问他们为什么我比他们职务高，成就也比他们大？我自己的回答是，不是我理想远大，不是我长得帅，不是我学历高，只有一个原因，就是我比他们所有人都坚定，对教育坚定，对商业坚定。

你曾经败过也好，输过也罢，一切失败都是为将来的故事做准备。不管是好事还是坏事，将来都能变成你的故事。

2. 数字化

你要赚钱，越多越好，但这不是目标。这就好比你去坐电梯，你发现半天没到你想去的楼层。为什么？因为你没有按你要去几楼。所以，要记住，你要做多少业绩，必须要有明确的数字。

我有个学员是做餐饮的，当年在昆明有8家店，实在干不下去了。他来听我的八大系统课程，在我的课上，我教他目标要数字化，他想再开多少分店、培养多少店长和多少厨师长、营业额每年做到多少、行业排名占到多少，这些全部都要数字化。结果一年多的时间，他在昆明开了22家店。他的餐饮企业的目标定位就是我们给他做的，品牌定位是一生只专注做木桶鱼。我当时告诉他："你把木桶鱼做好了，一辈子够你吃的了。"

3. 冲击力

你的愿景在设定时要带一些有冲击力的词语，比如说标杆、前卫、领导品牌、第一名、最接地气的。你要在客户心中留下印象，在你自己心中留下印象，在员工心中留下印象，带有冲击力。

面对着一个方向一个目标，我们家要有什么样的汽车、什么样的房子，我的公司是什么样，在哪些市场布局，打造多少人的团队，完成多少业绩，每场课多大规模，等等，全都在我脑袋里，一张图画就能全都看明白。人生的结果就是画图的结果。你画的图，只要你深信不疑，迟早变现实。如果你连图都不画，你只能给别人打工。

我每年都会在年会后让员工自己画图，画他们今年关于车子、房子、收入、职务，以及要做多少业绩的"图"，并为他们录下视频。哪个员工偷懒了，我就会把视频给他看。

这就是梦想的力量。梦想能驱动你走向成功，梦想能驱动你走得更远！

英灿点醒

1. 没有目标的人为有目标的人打工，有小目标的人为有大目标的人打工，有大目标的人为有伟大目标的人打工，有伟大目标的人为有不可思议的目标的人打工。

2. 你曾经败过也好，输过也罢，一切失败都是为将来的故事做准备。不管是好事还是坏事，将来都能变成你的故事。

阅读思考

请写下你公司未来1~5年的规划和目标。

附表3　　　　　　　企业5年战略规划

1. 团队增长（人）

2020 年	2021 年	2022 年	2023 年	2024 年

2. 营业额（万元）

2020 年	2021 年	2022 年	2023 年	2024 年

3. 利润额（万元）

2020 年	2021 年	2022 年	2023 年	2024 年

4. 行业排名（名）

2020 年	2021 年	2022 年	2023 年	2024 年

5. 市场占有率（%）

2020 年	2021 年	2022 年	2023 年	2024 年

6. 业绩增长（%）

2020 年	2021 年	2022 年	2023 年	2024 年

第七大系统

薪酬设计：薪酬设计是核心，其他都是外围建设

一个小微企业要想谋求更长远的发展，不仅要抓住市场风口，制定好企业的长远发展战略，而且在人力资源管理方面也要有更长远的眼光。同时，公司还要根据自己的性质和特点，结合发展规划和薪资分配规划，制定合理的薪酬制度。你要记住，一个不成熟的老板，总是与员工谈工作；而一个成熟的老板，会直接谈分配，直接从薪酬设计开始。薪酬设计才是核心，其他事情都属于外围建设。

第七大系统
薪酬设计：薪酬设计是核心，其他都是外围建设

第一节　薪酬设计与员工的心理期待有关

在企业中，薪酬设计是人力资源部极为重要的工作内容。合理的薪酬设计，不仅可以帮助企业有效地控制人力成本或经营成本，还可以使企业的费用支付实现高效化。合理的薪酬设计是老板对员工的回报，以奖励员工对企业所付出的一切努力，是老板对员工的一种认可。在员工心里，薪酬不仅是自己的劳动报酬，更代表着自身的价值，也代表着个人的能力和发展前景。

企业薪酬设计的核心与谁最相关？答案是员工。很多企业的老板常问我："英灿老师，怎么给员工开工资？工资占营业额多少合适？"其实这些问题你永远不可能有标准答案，因为薪酬设计与员工的心理期待有关。比如，员工期待每个月工资是5000元，结果这个月你只给了4900元，可能你觉得少发100元无所谓，但是员工心里就会有情绪，平时积累的消极、抱怨、牢骚、不满等不良情绪就会表现出来。

在发工资这件事情上员工怕三件事情。

第一件事情，怕老板拖延发工资。

很多公司都在 15 日发工资。一个员工怕什么？就是怕老板拖延发工资。如果你在每月 10 日之前发完工资，员工可以按时还信用卡、房贷、车贷等，你一定要了解员工的心理。

我们有一个客户，他的公司是专门做食品的。这家公司的总经理是一个非常守信用的人，总是在每个月的 10 日发工资。如果迟一天他就会给每个员工多发 100 元。所以，我特别愿意与这样的公司合作。

以前我们公司总是拖延发工资，后来我才知道这其中的缘由，因为公司的财务与我们公司的总管关系特别好，出现了经常不上班的现象，到日期算不出工资来。我知道这件事儿以后，把财务连同总管一起辞掉了，然后，重新招聘新的总管和财务。不管任何人都不能以任何理由拖欠员工的工资。如果条件允许，我鼓励中小微企业提前一天发工资，这样你的员工会对你怀有感恩之心。

如果我们选择在每个月的 10 日发工资，那么是上午发好还是下午发好呢？工资越早发越好，上午发工资，员工一整天的心情都是愉快的；下午发工资，员工一整天都是心神不宁的。

第二件事情，怕无理由克扣工资。

很多员工在发工资的时候没有确定明细的习惯，大部分员工也只是看一眼发了多少工资就不管了，有的人甚至连发了多少工资都不太在意。

但有一些中小企业老板会利用自己的地位和权力违规克扣员工工资。

即使员工没有违规，有的老板也会强加一些理由来克扣员工工资，这其实是一种违规的行为。一个老板可以多给员工发工资，但是无理由克扣工资，则是最不道德的。

第三件事情，怕承诺不兑现。

很多老板与员工一起喝酒时，总是给员工一大堆的承诺，酒醒后承诺也成了镜花水月，根本就不兑现。在这一点上，我是吃过大亏的。

2018年12月，我们公司要进行最后冲刺，每个员工在这个月都累得精疲力竭。所以，我决定把最后的100%的利润全部分给员工，让大家回家过个好年。

当时我传达给公司的副总裁，副总裁传达给财务总监，财务总监又传达给财务，结果中间出现了错误，财务总监把100%的利润听成了100%的业绩。结果，财务总监让我准备钱时，我才知道消息传达有误。100%的业绩是319万元，而我说的100%的利润则是30万元。但这则消息已经被错误地传达给了每个员工，每个员工都期待着拿到更多工资回家过年。

最后公司只能按着100%的利润，也就是30万元分红，结果分红那天所有员工都愁眉苦脸的。那时候我的公司里有300多个员工，这个事件之后不到1个星期的时间，只剩下了100多个员工，其他员工都辞职了。那些辞职的员工认为我是骗子，认为我的公司是家骗子公司。

和我一起创业的几个老员工始终是相信我的，但是我心里其实是过意不去的。于是我用了两个月的时间，拼命讲课，终于把员工所有的分红补了回来。虽然这件事情过去了，但是对我的影响是极大的。兑现承诺最好的方法就是不要轻易承诺，一旦承诺就是砸锅卖铁也要兑现。

薪酬设计既是一门科学，也是一门艺术。我认为薪酬设计有三大原则：一是上下级工资至少相差20%以上；二是要想招到人，工资不能比同行的低20%；三是要想留住人，公司必须比同城同行的高20%。

最后我要强调的是，一家公司的薪酬设计与成本无关，只与员工的心理期待有关。一套好的薪酬体系不是掏老板口袋里的钱，而是激励员工干得更多、分得更多。

英灿点醒

1. 薪酬设计与员工的心理期待有关。

2. 没有无缘无故涨工资，每一分工资的增加都必须和公司的业绩和利润的增长成正比。

第二节　老板常犯的十大薪酬设计错误

从古到今，从国外到国内，所有企业的矛盾焦点、分配问题都会集中在薪酬设计上。为什么你的员工积极性不高？为什么你的优秀员工流失率居高不下？殊不知，造成这些现象的主要原因就是公司薪酬设计不合理。

我原来做过一系列的调查，发现有95%的中小企业薪酬体系都存在或多或少的问题。这些企业的薪酬设计方法本身就是不正确的、不科学的。当企业薪酬设计出现问题时，企业的利润就会降低，企业的发展就会受到阻碍。企业在薪酬设计上常犯的错误有如下几种。

错误一：提成增加制。

很多中小企业的老板在设计薪酬时，总是不断增加提成。比如，一个员工完成1万元提成1%，完成3万元提成3%，完成5万元提成5%……这样的结果是业绩越高提成越高，看似是员工受益，但这并不是科学的薪酬设计。

假设员工只完成了8000元的业绩，而1万元以下是没有提成的，这时如果他拿到了3000元的单子，他有可能把这单送到你的竞争对手那里，因为竞争对手会给他20%的提成。为什么对手会给他20%的提成呢？因为对手不用给这个员工发底薪。

通过增加提成来激励员工增加业绩，通常会存在以下三个弊端。一是提成越高，利润越低。提成本身也是一种成本，当你的营业额越高，你增加的提成比例也越高，你的利润也就越低。很多中小微企业盲目增加提成，导致企业最后没有利润，自然就倒闭了。所以，提成不是越高越好，而是一定要平衡合理。二是得罪小客户，损失大未来。大多数员工都喜欢接待大客户，这样做可以提高自己的业绩；而对于一些小客户或者是单次成交额小的客户，有的员工可能心里会看不起，就不会公平对待。这样的公司就会给客户留下很势利的印象，缺乏人情味儿，这时客户就会选择离开，而与竞争对手合作。所以，不要轻易地得罪小客户。

三是内部违规。如果一个员工的业绩越高，你增加的提成越高，那么员工为了获得更高的提成，可能会私下拼单。

  错误二：全勤奖。

  很多企业为了完善内部奖惩管理规定及福利制度，提高员工的工作积极性和工作效率，会设立全勤奖。全勤奖真的是完美的吗？在我看来，全勤奖也有"三宗罪"。一是只在乎过程，不在乎结果。有全勤奖的公司，员工上班会很准时，导致员工只在乎上班的时间，而忽略工作成果。二是全勤奖会加速员工请假的次数。与其上班迟到，倒不如直接请几天假，反正全勤奖也没了。三是全勤奖适合"80后"的员工，但不适合"90后"的员工。"80后"的员工正处于上有老、下有小的人生关键期，不会轻易放弃所有奖项；而"90后"的员工更在乎的是感觉，感觉对则一切都无所谓，感觉不对则一切都是白费。

  错误三：固定工资。

  一家企业里固定工资发放越高，老板最后的结局可能会越惨。不要给公司的财务、行政、后勤、技术等岗位的员工发固定工资，可以改为基础工资加绩效、提成、分红的方式。固定工资是很多老板的硬伤，一旦发放过高很容易把自己搞垮。

  2017年，我辅导过一家企业。当时公司采用的是固定工资的薪酬模式，从上面的副总经理，到下面的基层员工，所有人员都采用的是固定工资模式。除此之外，2018—2019年，公司为进一步鼓励员工，每年以20%左右的涨幅涨工资，这无形给企业增加了巨大的压力。

  老板以为这样可以提高员工的工作积极性，结果却是适得其反，员工的积极性反而下降了，公司内部成本在不断增加。到了年底，老板借贷给员工发放了工资，公司的资金链也出现了断裂。所以我认为，固定工资是一种错误的薪酬设计方式。

错误四：完全绩效工资。

所谓的绩效工资实际上是一种典型的以成果论英雄，以实际的、最终的劳动成果计算薪酬的工资制度。而完全绩效工资，即业绩高，工资就高；业绩低，工资就低；没有业绩，就没有工资。这其实是一种错误的薪酬设计方式，主要有两个原因：一是违反劳动合同法，只要员工上告，老板就会承担责任；二是员工没有忠诚度，他可以选择来上班，也可以选择不上班，反正你不能扣他的工资，也不能对他进行考勤。所以，我们给员工发工资时，一定要有底薪、利润分红或是期权捆绑。

错误五：大包干。

比如说，你要卖建材，你是装修公司，于是你把建材承包给别人，把装修承包给别人，假定工地上出现事故，那是包工头还是装修公司老板来负责这件事情？当然，是装修公司的老板，法人代表就是要承担法律责任的代表。所以，这样的承包是无效的，是违反劳动合同法的。

企业的老板与员工之间不能进行承包，法人与法人之间可以进行承包，也就是说公司与公司之间可以进行承包。

错误六：干部不拿管理奖。

如果你的企业是店长负责管理团队，店长就是你的干部，店长除了拿工资，还要拿全店业绩的提成，这叫管理奖。如果店长能拿全店业绩提成，就会全身心地关注本店的业绩，就会关注本部门的利益，这是管理奖的魅力。

如果你的企业是经理负责团队，经理除了个人业绩，也一定要拿管理奖，否则没有利益，这个经理可能不会把工作做到尽心尽力。

错误七：干部只拿管理奖，不拿个人提成。

一个销售干部如果只拿全店业绩的提成，或只拿本部门的提成，而没有个人提成，他就会去找到自己的客户，挂单到别人名下，形成内耗。所以，我们一定要让干部既拿管理奖，还能拿个人提成。

错误八：年底红包制。

很多老板喜欢在私下里给员工发红包，如果你也是这样，请马上停止这种行为。如果要发红包，那么一定要光明正大地发，并且要给所有人发。

要知道，老板真正爱员工，不是给员工发多少红包，而是能为员工设计出一套科学的晋升机制和薪酬体系、股权激励体系、期权激励体系，让员工通过自己的努力和拼搏去买车、买房，过上好日子，这才是真正的爱。

错误九：限薪制。

不要限制任何人的工资，当你限制了别人的收入，就等于限制了公司的发展。收入可以有公式，但不能封顶。

错误十：同级同薪制。

同样都是总监，销售总监、财务总监、项目总监、采购总监，这些干部领到的工资数目是不一样的。一般来说，企业里财务总监的工资最高，而销售总监的收入是最高的。工资和收入是两回事。为什么是销售总监的收入最高？因为其他岗位都是成本岗位，而只有销售部门的岗位才是利润岗位。所以，一个企业是不可能出现同级同薪制的，否则就会伤了一部分人的心。

> **英灿点醒**

1. 留不住人才是表象，没有管理奖才是核心。
2. 方案必须物超所值，感动自己才能感动他人。
3. 当你限制了别人的收入就等于限制了公司的发展。
4. 老板对员工真正的爱是设置一套科学的晋升机制和薪酬体系、股权激励体系、期权激励体系，让员工通过自己的努力和拼搏去买车、买房，过上好日子！

第三节　薪酬设计方案的五大模块

在企业里，只有解决了员工升职、发财、养老等问题，一切困难才会迎刃而解，这个团队也就变得稳定了；否则，这个团队是不可能有未来的。

那么，一个小微企业如何解决员工升职、发财、养老等问题呢？薪酬设计是关键，薪酬设计是保障晋升通道畅通的法宝，具体包含以下几个模块。

1. 组织架构系统

什么是组织架构？就是一个企业里的所有员工为了实现企业的战略目标，而进行的分工协作，在职务范围、责任、权力方面所形成的结构体系。无论是大型企业，还是中小微企业，其内部本身一定要有一个完善的组织框架，这是一家公司的重要组成部分。组织架构就好比人体的基本骨架，任何组织都在相当程度上需要有某种架构形式来对组织任务加以分配和整合。

一个企业的组织架构能画多大企业就能做多大，一个企业想要做多大就要把组织架构画多大。没有组织架构的企业，是不可能发展的。组织架构是一个企业的框架，就好比造一所房子，房子的框架搭不起来，就没有办法往里面填钢筋、水泥。所以企业想要发展，一定要先搭框架。你有多大的框架，你才能装下多少人才；你要装下多少人才，就要画多大的框架，这是你的边界。

一个企业不怕发现问题，而是怕发现不了问题。只有发现问题，才能解决问题，因为问题本身就是企业发展的答案。为什么很多企业会从外面找组织发展专家呢？当局者迷，旁观者清，很多时候你自己看不到问题，但是别人能看到。

大多数小微企业里组织架构存在三大问题。图7-1为典型的不合理的企业组织架构。

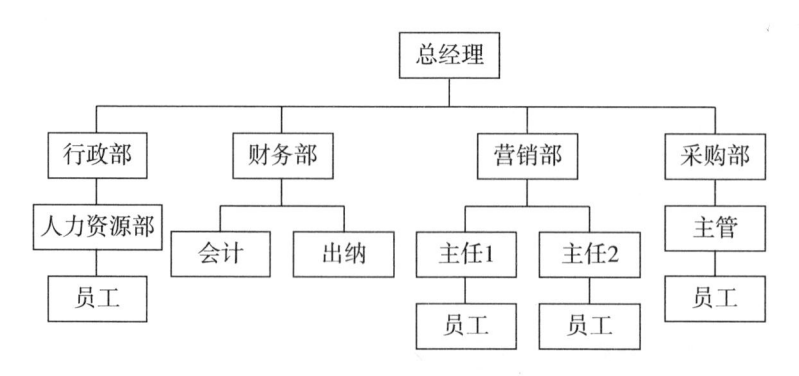

图7-1 不合理的企业组织架构

问题一，老板就是总经理。总经理一言堂，所有事都是他做决策，所有的工作都要靠他来协调。这不是员工在养总经理，而是总经理要养全部员工，这是由其组织架构决定的。

问题二，财务部放在总经理的下面。那么这家公司只有两个人做总监，一个是老板（即总经理），一个是老板娘，其他人做不了。这意味着分店越开越多，财务人员越不够用。

问题三，组织架构扼杀了人的终极追求。人类的终极追求是什么？即时间自由、财务自由、心灵自由。如果组织架构里，除总经理外其他人不能出人头地，这样的组织架构下面的人才流失率是很高的，因为其他员工看不到希望。

一个企业的组织架构到底怎样才合理呢？具体可参见首富思维集团组织架构，如图7-2所示。

无论是大公司还是小企业，最高层一定要有股东会。这意味着这家企业是股东的，不是老板的。股东会下面是董事会，有了董事会才有董事长，董事会和董事长是平级的；董事会是董事长的领导，董事长也是董事会的领导。为了公司的安全，股东会和董事会之间还要设监事会，然后董事长再任命首席执行官。董事长可以选，但是首席执行官不能选。

接下来，公司所有的部门全放在总经理下面，如人力资源部、行政部、销售部等。总之，你需要什么部门就设计什么部门。如果公司需要招商就设招商部，如果需要进军互联网就设技术部。

每个部门都要有一把手，一把手可以叫部长或者叫总监。如人力总监、行政总监、销售总监、招商总监、技术总监等。通常总监是顶级人才，并不容易招聘到，你可以从优秀的经理中选拔。另外，人力总监可以从人事经理中选拔，而人事经理可以从优秀的人事专员中选拔，而人事专员是从实习生中选拔的。说到最后，

逆势增长 业绩倍增八大系统

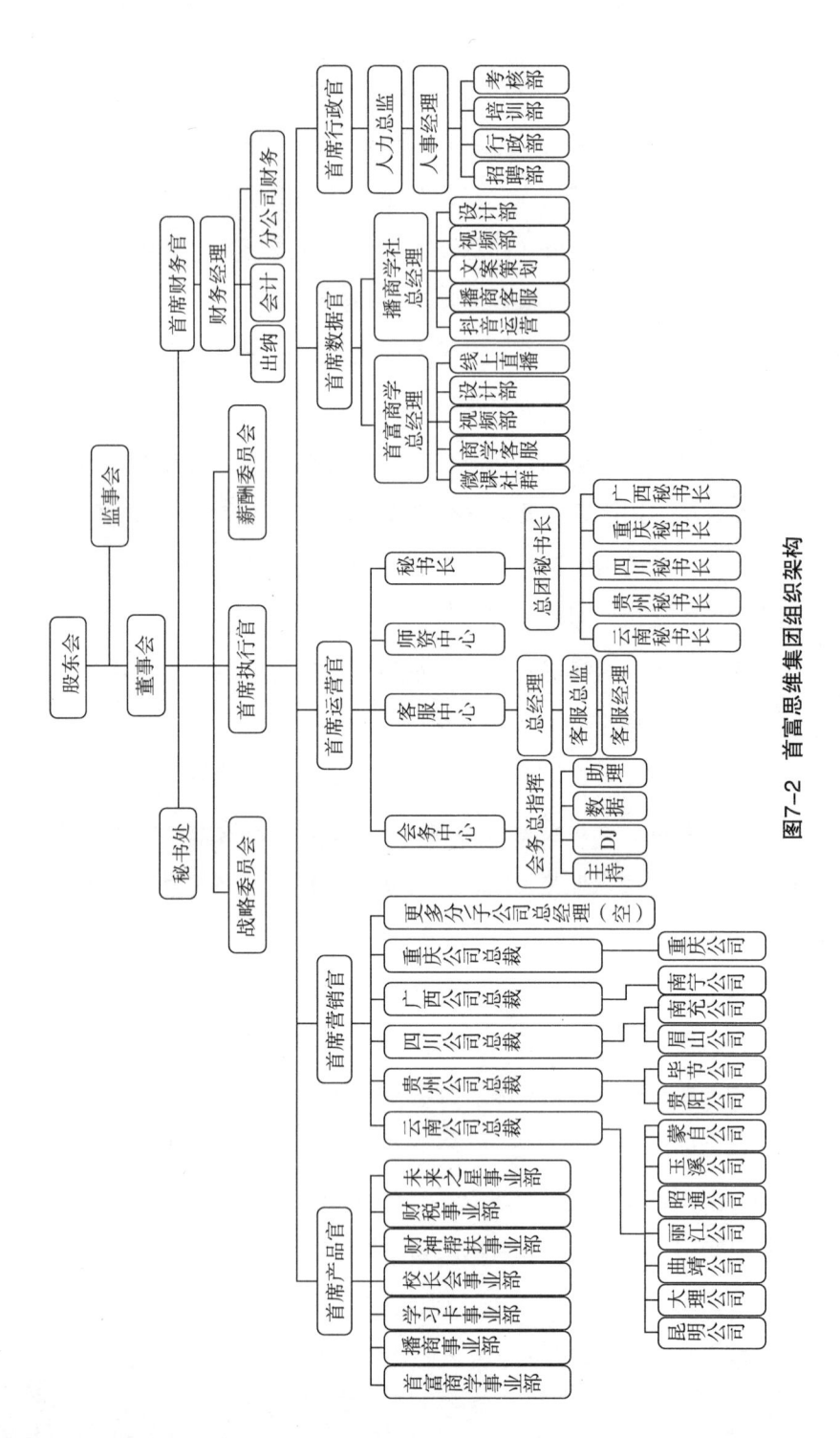

图7-2 首富思维集团组织架构

第七大系统

薪酬设计：薪酬设计是核心，其他都是外围建设

级别\部门	人事部	财务部	技术部	会务部	师资中心	视频部	设计部	渠道部	客服部	业务部	分公司总经理	省级公司总裁
高层	高级人事总监 正式人事总监 实习人事总监	高级财务总监 正式财务总监 实习财务总监	高级技术总监 正式技术总监 实习技术总监	分公司会务总指挥 高级会务总指挥 实习会务总指挥	专家组组长 五星老师 四星老师	高级总监 正式总监 实习总监	高级设计总监 正式设计总监 实习设计总监	高级渠道总监 正式渠道总监 实习渠道总监	高级客服总监 正式客服总监 实习客服总监	高级总监 正式总监 实习总监		
中层	高级人事主管 正式人事主管 实习人事主管	高级财务主管 正式财务主管 实习财务主管	高级技术主管 正式技术主管 实习技术主管	高级会务总监 正式会务总监 实习会务总监	三星老师 二星老师 一星老师	高级主管 正式主管 实习主管	高级设计主管 正式设计主管 实习设计主管	高级渠道主管 正式渠道主管 实习渠道主管	高级客服主管 正式客服主管 实习客服主管	高级主管 正式主管 实习主管	代理公司总经理 子公司总经理	事业部总经理 事业部总裁 集团总裁 董事会 股东大会
基层	高级人事专员 正式人事专员 实习人事专员	会计 出纳 财务助理	高级技术总监 正式技术总监 实习技术总监	高级会务助教 正式会务助教 实习会务助教	讲师助理	高级专员 正式专员 实习专员	高级设计专员 正式设计专员 实习设计专员	高级渠道专员 正式渠道专员 实习渠道专员	高级客服专员 正式客服专员 实习客服专员	高级顾问 正式顾问 实习顾问	学习顾问	

图7-3 首富思维集团员工职业生涯规划

159

公司只招一种人，即实习生。

2. 职业生涯规划系统

当一个公司的组织架构设计完成之后，你就要开始对员工职业生涯进行规划了，具体可参见首富思维集团员工职业生涯规划，如图7-3所示。

如果说组织架构系统规划的是公司的未来，那么员工职业生涯规划系统解决的是员工的未来和公司的未来有什么关系、员工如何升职以及升职之后如何赚钱的问题。员工职业生涯规划就是满足员工对前途的需求，它就是对职业乃至人生进行持续系统化的过程。

一个完整的职业生涯规划由岗位、部门和升降标准三大要素组成。要有横向规划部门和纵向规划岗位。

职业生涯规划是固定不变的，我在长期企业培训过程中，对于职业生涯规划和管理有着较为深刻的认识，通常表现在激活人才、留住人才、提升业绩、稳定团队四个方面。

我们如何去做职业生涯规划系统呢？要走好定岗位、定级别、定工资、定标准四个步骤。

3. 战略定位系统

对于一个企业来讲，确定战略定位并不是一件容易的事情，但却是非常有必要的。企业只有清楚知道自己要做什么和不要做什么，才不会什么都做，什么都做不好。

战略的核心是定位。了解什么是定位并不难，但找到一个合适的定位却是难上加难。想要有定位是一回事，但能够找到合适的定位又是另一回事。

我给中小微企业的定位的核心就是产品，而产品的核心就是"一句话营销"。关于战略定位，可以回过头去看前面客户定位一章中的精准定位六步法，也可以参考首富思维集团战略定位，如表7-1所示。

表7-1　　　　　　　　首富思维集团战略定位

要素	定位方向
我是谁	首富思维
我的优势是什么	本土、落地、专业、系统、全面：解决老板修身、齐家、治企、富天下的问题
我的价值是什么	让世界上少一家倒闭的公司，多一家发展的公司
我的客户是对象是谁	小微企业老板
我能提供什么产品	"八大系统"课程 "方案班"课程 "企业大学校长会"课程 "财神部落生态圈"课程
我通过什么渠道寻找客户	微信、陌生拜访、App、OPP（创业说明和事业说明）、会销模式、财神圈子等渠道
定位	专注商道100年，做商道文化的传播与实践者
标签	首富思维＝经商之道

4. 岗位职责系统

岗位职责是指依据企业的组织架构和战略规划，将企业各个岗位进行合理分工，规范性地定义每个岗位的名称、任职资格与工作内容，从而为企业管理目标的达成和活动的开展提供有关工作方面的信息。

通过岗位职责说明书，我们能清晰地看到各个岗位的全部工作职责的量化、细节、标准，从而依据各位职责的内容与权限范围，进行各个岗位的价值评估，为绩效考核和薪酬设计提供有力的依据，为员工培训提供实操的内容。也就是说，没有岗位职责就设计不了薪酬，也达不成绩效。

岗位职责也称工作分析，工作分析的作用就是让管理更为规范，战略更容易达成，确保人人有事做，事事有人做，权责匹配，提高流程和效率，便于检查工作的效果，监督工作的过程。企业的岗位职责一旦明确，就要根据绩效考核去做薪酬设计。

那么，有哪些方法可以写出岗位职责说明书？我总结了五种方法，即相关岗位访谈法、工作现场观察法、问卷调查法、工作日志累积法、关键事件补充法。岗位职责说明书模板如表7-2所示。

表7-2　　　　　　　　岗位职责说明书模板

本人岗位名称		所属部门名称	
直接上级岗位名称			
直接下级岗位名称			
任职资格	1.年龄要求　　　2.性别要求 3.婚姻要求　　　4.籍贯要求 5.学历要求　　　6.经验要求 7.其他要求			

职责一	职责概述			
	工作任务分解	1.	
		2.	
		3.	
职责二	职责概述			
	工作任务分解	1.	
		2.	
		3.	
职责三	职责概述			
	工作任务分解	1.	
		2.	
		3.	

5. 绩效薪酬系统

绩效薪酬是一个企业对于工作效率高的员工超额完成的工作部分或工作绩效突出部分进行的奖励性报酬。通过这种方式可以极大地鼓励员工工作的积极性，大大提高工作效率和工作质量。这种系统是对员工过去工作行为和已经取得成就的认可，通常随员工业绩的变化而不断进行调整。一般来说，薪酬设计具有八大要素，具体如下。

要素一，基本工资跟岗位职责挂钩；要素二，绩效工资跟绩效考核挂钩；要素三，个人提成跟销售业绩挂钩；要素四，管理奖金跟部门任务挂钩；要素五，领导奖金跟公司业绩挂钩；要素六，在职分红跟公司纯利挂钩；要素七，年终奖金跟超额利润挂钩；要素八，伯乐奖金跟招人育人挂钩。

表7-3为某公司薪酬制度示例。

表7-3　　　　　某公司薪酬制度示例

序号	部门	职务	基本工资	绩效工资	业绩提成	管理奖金	在职分红	超额激励	伯乐奖金	工资总额	实发工资	确认签字	备注
1													
2													
3													
4													
5													
6													
7													
8													
9													
10													
11													
12													
13													
14													
15													

续 表

序号	部门	职务	基本工资	绩效工资	业绩提成	管理奖金	在职分红	超额激励	伯乐奖金	工资总额	实发工资	确认签字	备注
16													
17													
18													
19													
20													

制表人签字：　　　　财务签字：　　　　总经理签字：　　　（日期）

英灿点醒

1. 薪酬设计是核心，其他都是外围建设。

2. 薪酬设计是保障晋升通道畅通的法宝。

3. 一个公司机制不改变，所有改变都是苍白无力的！

4. 工资的多少决定了员工的稳定与否，工资的模式才能解决员工的积极性问题！

第四节　关系企业生死存亡的晋升通道

我在培训多家企业时有这样一个感悟，那就是很多老板往往更多关注的是公司的盈利多少，同时会把员工的薪资算作成本，尽量去控制，结果这样的企业大多都倒闭了。为什么会这样呢？

第七大系统
薪酬设计：薪酬设计是核心，其他都是外围建设

因为它们没有一套好的薪酬体系，来激励员工更好地为公司努力工作。

要把企业做好，一定要有一套合理的薪酬体系，这套体系的核心目的应该是帮助员工升职、加薪，最后帮助员工成为股东，解决养老问题。

一个员工为什么愿意去你的公司？他最先想的一定是挣钱，挣到足够多的钱，这是最基本的物质需求。而一个员工为什么愿意一直跟着你干？因为在这里他能够得到重用，自我价值可以得到实现，而职位的提升就是对一个人价值极大的肯定，这是员工的精神需求。物质需求最直接的体现是钱的多少，精神需求最直接的体现是职位的高低。

一个老板要实现自己的理想，这是公司的使命和愿景，但同时也要关心员工的收入和晋升问题。如果你不抓住员工的心，不关注员工的晋升，谁又会帮你去实现公司的使命和愿景呢？

我们回顾很多中小企业的发展历程，会发现有一个现象阻碍着这些企业的发展，就是员工的"三问三不知"的现象。什么是"三问三不知"现象呢？即作为员工，不知道自己什么时候涨工资，也不知道什么时候会升职，更不知道什么时候会成为股东。

当你的员工不知道什么时候涨工资，不知道什么时候会成为店长或者干部，不知道什么时候会成为股东，那他还会有创业的心态吗？还会有创业的状态吗？还会有创业的激情吗？他什么都不知道，怎么去全力地推动公司的发展呢？如何让你的员工和你一样具有创业的心态呢？公司要有一套完善的薪酬设计体系，同时让员工知道付出的所有一切与他有什么关系。

经过这些年的培训，我总结了关系企业生死存亡的三大晋升

通道，大家可以从中获得一些经验。

1. 岗位级别晋升通道——解决升职问题

很多人为了寻求自我价值，他进入公司的第一目的就是升职。当一个员工成为店长、总经理、股东，最后再成为多家店的股东的时候，实际上他的权力也在不断上升。

作为一名员工，一定要有明确的升职道路。不管是一名销售，还是一名职能岗员工，还是一个技术人员，或是一个主管，都要很明确地知道接下来的发展道路是什么。一个公司中不同类别的人的升职之路是不同的，通常老板需要为你的员工设计不同的升职通道，这就是员工的升职通道。

一个员工的升职通道一定要有明确的路标，也就是他的头衔和职位是什么。比如，我现在的头衔是什么？我在未来可以获得什么样的头衔？一个有特色的称号会让员工拥有荣誉感，让员工愿意不惜一切代价去为之努力。如果你不知道怎么起好称号，你可以用把级别分成一星、二星、三星、四星、五星这样简单的方法。

2. 工资级别晋升通道——解决加薪问题

所谓的工资级别晋升，就是说一个员工每个月能拿多少钱，这就是我们说的加薪通道。一个员工的收入决定着他的生活品质，决定着他创造的财富的多少。

3. 股东级别晋升通道——解决养老问题

所谓的股东级别晋升就是说一个员工如何才能成为你的得力助手，如何才能成为你的左膀右臂，如何才能帮助你共同打造一个美好的愿景。实际上，如果你能帮助老板成长，其实就是帮助自己成长，你就可以创造更大的价值，这就是我要说的养老通道。

当一个员工解决了升职、加薪、养老这三个核心问题，就会为自己拼命干活儿。也就是说，我们把所有东西、所有体系、所有架构，用绩效考核的方式，变为一个员工要达到的目标和方向，我相信这样的企业一定会变得更大、更强。

英灿点醒

1. 岗位级别晋升通道——解决升职问题。
2. 工资级别晋升通道——解决加薪问题。
3. 股东级别晋升通道——解决养老问题。
4. 招不到人才是假象，机制不合理才是真相！

阅读思考

1. 你企业的薪酬方案是如何设计的？

_____

_____

_____

2. 你企业的员工是如何实现晋升的？

_____

_____

_____

第八大系统

股权激励：股权设计是企业成败的首因

为什么当初马云持股7.4%，却能管理好阿里巴巴？为什么任正非拥有不到2%的股权，却还能管理好华为？其实说到底是股权在其中发挥了重要作用，股权是对一个公司的终极控制。有多少企业因为不懂股权，天天上演各种争斗，比如新浪的创始人王志东当年败走麦城，西少爷合伙人一开始就注定会有一场争斗……还有很多公司因为陷入股权之争，导致股东内耗而不能快速发展。有人说："合理的股权设计的重要性甚至在某种程度上超越了商业模式的重要性。"我认为这句话是非常有道理的。股权是什么？股权是企业的根，股权设计是企业成败的首因。

第八大系统
股权激励：股权设计是企业成败的首因

第一节　股权的魅力是无穷的

2020年4月，在胡润全球百强企业家排行榜里，马化腾以2900亿元和马云并列成为中国首富。虽然受疫情影响，腾讯和阿里巴巴的财富都有所减少，但并没有影响他们首富的位置。同样受疫情影响，一些财富不降反增的医药公司也成了排行榜中的黑马。其中，掌控着恒瑞医药和翰森制药的孙飘扬、钟慧娟夫妇也一跃上升到了第三位。

这些企业家是如何排名的呢？其实无论是福布斯富豪榜，还是胡润百富榜，排名时，并不是看他家里有多少现金，也不是看他年收入有多少，而是根据其公司股权的估值。当然，前提是他的公司一定要上市。公司上市后，他所有的财政状况就全部透明了，就可以通过股票价格来估算公司的总值。

如何判断一个人到底是穷人还是富人呢？说白了就是，如果你离开这个岗位的时候，这个岗位能卖钱，那你就叫富人；如果你离开了这家公司，离开了这个岗位，你的岗位不能卖到钱，那么你就是穷人。有股权的岗位才能卖钱，所以我认为股权是穷人和富人的分界线。

很多人问我与普通职业讲师的区别在哪里，最大的区别是，普通讲师讲课才有钱，而我不讲课也有钱，因为我是公司的大股东。我做的是培养讲师、培养总经理、培养销售人才、培养服务老师，让所有人为我工作。所以，我不仅培训课讲得好，更多的时候我做得比我讲得还要好。

我做培训已经10多年了，至今我没做过一单业务，也没做过一次销售，我一直在做的是企业的设计，因为真的大企业不是干起来的，真的高手都是会设计的。

我原来有一个客户，原本想自己投资开店，可是他自己没有钱。后来，他融资了100多万元，创办了一家旗舰店。他在这家旗舰店里控股70%，自己却1分钱都没有出，这就是设计的魅力。可能很多人觉得这太简单了，可是真要设计，你需要学会分配股权、学会薪酬设计。如果股权也不分配，薪酬也不改动，会销也不做，会员卡模式也不做，你怎么可能设计出这一切呢？

设计的魅力还在于，一个人就可以通过股权设计改变世界经济。比如，华尔街的金融巨鳄乔治·索罗斯疯狂做空泰铢，还引发了1997年亚洲金融危机。

作为国际上非常厉害的金融炒家，索罗斯曾经在做空英镑和日元上都有所收获。1997年，亚洲金融危机爆发，泰铢惨遭做空，泰国政府和老百姓的财富被整体打劫。除了存在泰铢高估和泰国实体经济竞争力失衡的主观因素外，索罗斯的趁火打劫也起到了推波助澜的作用。

20世纪90年代初，泰国经济发展是比较快的。但这其中存在一个问题，经济发展越快，货币的需求就会暴增，通货膨胀和经济泡沫也会跟上来。当时泰国举借了近800亿美元的中短期外债，而其实际外汇储备只有300多亿美元。

那时泰国还在实行固定汇率制，精明的索罗斯看到了机会，想要投机赚钱，就要做空泰铢。什么是做空？预计未来股价下跌，提前借入股票在二级市场变现，等到股价下跌后再买回还上，中间的价差就是做空收益。最终泰铢惨遭做空，索罗斯在这次做空中赚得盆满钵满。

一个人想赚得盆满钵满，是需要设计的；一个企业想做大做强，也是需要设计的；一个国家的繁荣富强，也是需要设计的。这就好比你要建造一座房子，就需要明确分工，需要有人为你设计图纸，需要有人为你施工，需要有人为你运送材料。而你是老板，你就是这座房子的总设计师，你只需设计好图纸就可以了。如果你的图纸没有设计好，那接下来的结果是完全不一样的。

所以，你不仅是老板，还要转变成老师、转变成设计师，你的企业到底要赚多少钱？你到底应该开多少店？你到底应该开多少分公司？这一切不是边干边想的，而是需要提前设计出来的。股权也是如此，需要靠设计的。

接下来，会提到如何进行股权设计，让大家都学会设计股权，让股权成为你全部的身价。

英灿点醒

1. 股权是企业的根，是老板的命，是你的全部身价。
2. 股权是穷人和富人的分界线。

第二节　从三股分天下到合伙人制度

股权是企业的根，越来越多的公司开始通过股权来激励员工的潜力，激发员工的积极性。当员工把公司的事业当成自己的事业来对待，整个公司就有了巨大的活力，从老板一马当先转变为万马奔腾，从而使公司充满强大的爆发力。

1. 股权的类型

一般来说，股权有三种类型，即身股、银股、期权。

（1）身股。

身股起源于早期的晋商，当时也叫"顶身股"。很多人都看过电视连续剧《乔家大院》，其中乔家大院里的东家持有的是银股，而掌柜持有身股。东家相当于现在的董事长或大股东，而掌柜则相当于现在的总经理。身股拥有一般股份的分红权，但没有继承权、转让权、表决权，因此有时也叫"分红股"。

我们有一个客户，他的企业拥有两种股权，一种是外部众筹股，持此股的人是负责众筹资金的，这些股东只投钱不投人；另一种是内部身股，即公司的员工、做饼的师傅、裱画师、店长、前厅等，他们本身不投钱，但是拥有分红权。所以，他才能做到不花1分钱，却能开连锁店。

同样，我们首富思维创业资金一共仅有35000元，但是到现在已经在全国开了几十家的分公司。我自己也没有再投资过1分钱，但我自己还是绝对的大股东。这就是股权设计的魅力。

（2）银股。

银股和身股的概念差不多，也是起源于晋商模式。出资者为银股，出力者为身股。银股相当于以前的东家、现在的董事长或大股东。银股是需要出资购买的股份，原则上需要进行工商注册，在企业中持有一定比例的分红，前提是必须符合《中华人民共和国公司法》，并受其管理，这与身股不同。

身股只有一种权利，即分红权；而银股有七大权利，即所有权、经营权、分红权、继承权、转让权、知情权、溢价权。

（3）期权。

期权最早来源于18世纪后期的美国和欧洲市场。它是一种合约，是指在约定的时间之内，以约定的价格购买约定数量股份的权利。你可以根据个人情况选择购买或放弃购买。对于身无分文的老板来说，期权的魅力实在是太大了。

我以前在大学当老师的时候，学校就是利用期权一直走到今天上市，而且还收购了一所工商学院。曾经我的校长家里比较穷，他妈妈变卖了家里所有家产供他读书。可上半学期学费交完了，下半学期的学费又没着落了。所以，他就去工地挑砂浆赚学费，挑了两天肩膀挑破了，实在是干不动。

可是他又想上大学，没有钱怎么办？于是，他开始四处寻找机会，后来他学了半个学期的软件课程，用所学的软件知识在昆明的一个小区里办了一个培训班。他没有钱交房租，怎么办呢？他很聪明，他去找房东谈合同，两家分成。刚开始他们两家是三七分成，房东占70%，自己占30%。

培训班做了几个月后，他发现培训盈利越来越多。于是他又去和房东谈，还是三七分成，这回自己占70%，房东占30%。房东虽然心里不舒服，但是他还是愿意合作，因为从培训班赚到的钱比房租高很多。

培训班做了一段时间后，来培训的人越来越多了，那个房子已经装不下了。于是他租了一个更大的地方，开起了一个月短期培训班，后来他又开起了3个月的短期培训班。2005年，他开办了一所软件大专学校；2006年，他又在昆明开办了第二所大专学校。不久，他又创办了本科学校。

大家知道他从哪里聘来的高管吗？他把其他学校那些退休教授或者在职教授请来，然后给他们分股份。他就是用这种方法捆绑了一大批顶级教授，捆绑了一批正规大学的教职员工。如今，这个学校已经打包上市了，仍处于上升期。

这就是股权的魅力！

这个真实的故事说明了一个什么道理？不是要有钱才可以创业。我当时在这所学校参加了一个月的岗前培训，校长的故事深深激励了我。也正是因为这个故事，我才决定去他那里就职。

综上所述，能做到这一步的人，一定有一颗比较灵光的脑袋；如果脑袋不灵光，你的初心再纯洁也是没有用的。我把这称为"智慧行走"。一个老板没有智慧，一定是要吃大亏的；一个老板没有智慧，不仅他的脑袋是空的，他的口袋也必然是空的。所以，只要脑袋不空，哪怕口袋里现在什么都没有，这也没关系，因为口袋迟早会满的。

如何拥有一个很灵光的脑袋？我的方法是浸没式学习。如何进行浸没式学习？比如你只要有时间就来听一听我的课，有事儿没事儿回来多上上方案班……只要你坚持两年以上的浸没式学习，就能灵光起来。请记住，你的脑袋决定你的口袋。

2. 合伙人制度：你的股权如何分

以往很多人片面地认为，合伙人制度就是代理制度，其实代理制度不等同于合伙人制度。发展到今天，谁给谁打工的时代已经过去，合伙人的时代已经到了。那什么是合伙人制度？即身股、银股、期权相互交叉、相互结合、相互推动的制度。所以，合伙人不等于代理人，代理人也不是合伙人。

实行合伙人制度时有几个问题需要注意，这几个问题不处理好，合伙人制度也是执行不下去的。比如说，有的老板希望员工也能投钱入股。那么员工投钱入股好不好？我肯定地告诉你这是不好的。在我看来，员工投钱入股是公司灾难的开始。员工入股是绝对不能投钱的。为什么？员工投钱入股，他的内心通常会有两个期待：一是赚大钱，二是赚快钱。一旦员工赚不到大钱，赚不到快钱，他就会找你退钱。为什么？因为员工投的3万元、5万元，甚至10万元，可以说是他们的身家性命。你要他的"命"，到时候他就会要你的"命"。

还有，合伙人制度下很多企业实行股权平均分配，比如说两个合伙人各占50%的股份，一个人一半，这看似很公平，但最后企业可能分崩离析，灾难重重，两个合伙人成为仇人。这两个人都没想到这一天出现的时候该怎么处理。同样，3个人合伙，为了公平起见，每个人各占33%的股份，这也是大灾难；4个人合伙人每人各占25%的股份，企业"死"得也会更惨。

为什么会这样？很多中小企业主在创业初期可能都不太在意股权的分配问题，但是随着产品出来了，公司拿到投资以后，所有问题就都来了。这时候会选出一个"老大"来，这就意味着原本看似平等的合伙创业，变得不平等了。但凡有一点儿矛盾都会被放大，谁都不服谁，最终公司散了、兄弟的情义没了、亲人变成了仇人。

"真功夫"控制权之争就是最典型的案例，这场控制权之争使得昔日的姐夫和小舅子也陷入了漫长的股权纠纷之中，而"真功夫"的股权就是五五分。如果不是这场股权之争，"真功夫"的发展可能会更快。所以，我认为股权平分是最错误的分配方式。

那股权到底该怎么分呢？我举个例子，一个公司里有3个合伙人，这其中必须有一个大股东，且大股东的股份一定要比二股东和三股东的总和还要多，千万不要做平均分配，否则只有"死路一条"。为什么很多三个合伙人的企业都中途夭折了？大多数是二股东和三股东联合起来把大股东"做掉"的。因为他们二人的股份加起来多于大股东的，就可以"干掉"大股东。所以，如果你是大股东，你的股份一定要大于二股东和三股东持股的总和。同样，四个合伙人的分配也是这样，大股东持股量要大于其余股东持股之和。

那 N 个人合伙该怎么分配股权呢？N 个人合伙，1 加 N 必须大于 $2+3+4+\cdots+N$，这里的 N 就是其中某个小股东。这是铁律。

股权分配的方法有很多，所以真正的股权激励是一门学科。

这门学科越早学习越好，最好是在没有创业时就去学。越是小老板越要学习股权分配，我当初在没有创办首富思维之前，就已经把股权设计好了，所以我最后成功了。

英灿点醒

1. 身股：以身入股，人在股份就在，人走股份就消失（有分红权）。

2. 银股：出资购买的股份，原则上需要工商注册，在企业中按持有的比例分红，必须符合公司法，有所有权、经营权、分红权、继承权、转让权、知情权、溢价权。

3. 期权：在约定的时间之内，以约定的价格购买约定数量股份的权利。

4. 合伙人制度：身股、银股、期权相互交叉，相互结合，相互推动的制度。

第三节　股份制改造的四大核心

个人单打独斗的时代已经离我们越来越远了，现在的时代是合伙人的时代。如果你想赚小钱，你可以一个人单打独斗；但如果你想赚大钱，你就需要靠团队和合伙人。阿里巴巴、华为不是做大了之后才进行股权改造的,而是早期就通过股权把所有人拧成一股绳,一步步把事业做大、做强的。

股权激励对于小微企业来说是非常必要的。只要你希望将来公司走得更远,就要尽早学好股份制改造,这样才会让将来的麻烦越来越少。当初我帮助保定东方技工学校进行股份制改造取得的成功就是一个最典型的例子。

> 作为河北省重点技工学校,多年来学校始终坚持以"诚信、勤奋、求精、开拓"为办学精神,以培养具有独特风格的高素质创业精英人才为己任。经过20余年的不懈努力,学校凭借雄厚的师资力量,优越的教学环境,科学化的管理得以不断发展,占地面积达上万平方米,拥有万余平方米高标准教学楼、综合宿舍楼、大型会议演播厅、体育场所等。该学校校园环境十分优美,集学习、住宿、生活于一体,拥有完善的现代化教学设备,高标准形象示范店,数百家连锁加盟店,构成了教育、产销、物流、劳务派遣、连锁加盟、技术研发及经营管理等多元化、多功能服务于一体的产业化名校。
>
> 1989年,李昌校长怀着对美业艺术的向往与追求,凭借一双勤劳之手开了一家十多平方米的美发店。天行健,君子以自强不息。历经近20年的风风雨雨,当年那个美发店早已经发展成为一个综合型技工学校。学校在校长夜以继日地耕耘之下,取得了社会的认可,2008年学校被中国美容美发协会评为河北省唯一一所"中国美容美发示范校"。但学校在快速发展的过程中,也遇到了上升的瓶颈,导致团队凝聚力不足,工作效率出现问题,学校裹足不前。

直到 2018 年一个偶然的机会，李昌校长听了我的课之后，深深被我打动。用他的话说："英灿老师，您不仅能够一针见血地指出企业存在的问题，同时还能有根有据、逐条地进行分析，并且最后拿出落地解决的实际方案，真的是对症下药。我太佩服您了。"从那次开始，李昌校长报了我们首富思维最高级别的课程，成为首富思维的终身会员。

成为首富思维的会员后，李昌校长带领学校相关的管理人员深入学习了股权分配机制，销讲之道以及业绩倍增方案策划等课程，并在学校中进一步落实，让员工从"我是打工者"的被动工作，转变到"我是股东"的自主工作。这一机制的落实，使学校的管理不仅从观念和行动上得到转变，员工的角色定位还实现了互换，真正地做到自动化运营。从此，学校又上一层楼，走上了更加科学的发展之路。

学校股份制改造成功后，也有很多老板找到我，纷纷要求报名学习。后来我意识到了，一个企业想要做好股份制改造，一定要先了解股份制改造的四大核心关键。把这四大核心关键掌握好了，你才能进一步学习。这四大核心关键是什么呢？

一是必须明确股东会和董事会做决策的规则。

通常一个公司里有董事会和股东会，其中董事会由董事组成，大部分董事由股东会产生，少部分由成员大会产生；股东会由全体股东组成，对公司重大事项进行决策，有权选任和解除董事，并对公司的经营管理有广泛的决定权。在公司里，股东会谁说了算？董事会又是谁说了算呢？

股东会是由大股东说了算。通常情况下，占有 67% 股份是绝对控股，这样的股东属于绝对的大股东，占股51%的股东相对控股，占股34%的股东拥有一票否决权，占股20%的股东拥有同业禁业权，占股10%的股东拥有申请临时股东会和公司解散的权利。所以说，拥有不同比例的股权，其拥有的权利也是不一样的。

董事会又是谁说了算呢？一般来说，董事会的人数不能低于3人，但也不能超过13个人。为什么要这样设置呢？因为董事会成员一旦超过13人，大家说话可能会变得很客气，都不会讲真话。董事会成员更倾向于单数，因为这样不会出现同意和反对的人同样多的情况。需要决策时，董事会应举手表决，并遵照少数服从多数的原则。

二是必须明确进入、退出和分红机制。

了解了股东会和董事会的规则后，你还要清楚，达到什么标准才能进入，违背什么标准就会退出，什么时间进行分红，按什么比例进行分红。这些规则一定要提前明确出来。

（1）明确进入机制。

最关键的是，我们要明确一个员工在满足什么样的条件时才可以成为股东，或者说其进入股东会的标准是什么。我总结出了六个条件，即思想意识、绩效目标、道德表率、行为表现、人才培养、学习成长。

第一，在思想意识上，其思想意识、价值观必须与公司一致，职业使命感要强，愿意和公司保持长期紧密的合作，要与公司签订劳动保密协助机制。也就是说，他一定要遵守公司相关制度，绝对服从公司的管理。

第二，在绩效目标上，其绩效目标占85%，能力值指标占15%，合计为100%；不同的机械指标与不同的分红系数挂钩。

第三，在道德表率上，其个人道德水平不能低于 80 分。有的人可能觉得，一个人道德水平能打出分来吗？这是可以的。

第四，在行为表现上，其违规次数不能超过 5 次，超过了次数就取消股权激励资格。员工成为股东之后，不能经常迟到、请假、早退、不干活，要起到表率作用，股东是企业的发动机。

第五，在人才培养上，要为公司储备人才，应付企业的高速发展。

第六，在学习成长上，一个人在学习上的投资不能低于收入的 10%。如果少投资 1%，其系数就减少 0.05。对于愿意把收入的 10% 拿出来学习的高管，公司一定要好好培养重用。

以上这六条是股东会进入标准。

（2）明确退出机制。

在违反哪些标准后股东要退出股东会呢？

第一，任职期间，利用职务进行受贿、贪污犯罪、盗窃行为、泄露公司经营管理秘密，损害公司声誉造成公司损失。

第二，从事与公司及销售公司、管理公司相同销售业务。

第三，股东自行离职或者被公司辞退，股权激励自动取消。

第四，丧失行为能力。

第五，失踪死亡，包括宣告失踪、宣告死亡。

第六，违反公司章程、公司管理制度、保密协议，有违规行为。

第七，违反国家法律法规并被提起刑事诉讼。

第八，从事其他公司的劳动，董事会认定其行为不当。

所有这些标准都要写进合同里，白纸黑字加盖公章，方能生效。

（3）明确分红机制。

如何设置并落实分红机制呢？

第一，学习股份制改造，转变管理思想，形成初步落地的方案。

第二，把方案带回企业进行访谈，完善和规范方案。

第三，根据方案形成相关的文件和合同。

第四，做员工培训动员方案，签约并落地。

第五，在方案的推进过程当中强调相关的管理细则。

第六，有条件的企业可能半年一分红，但一般不建议这么做。

第七，经过认真策划，办庄严、宏大的股权激励动员大会和年终分红大会，分红的时候记得用现金。

第八，总结方案，准备新一轮的股权激励方案，并继续推进。

只有这样分红机制才能落地，要一步一步地跟踪到位，按时间进度表落实。

三是必须明确竞争对手的规则。

某天我讲完课之后，有一个老板留在了现场，他是做火锅的，他想报我的课。

他想请我吃饭，我说不如去他家火锅店吃，我的目的是去看看他家菜品如何。结果，我到了他的店，第一眼看到他家的店长，店长给我的感觉是一点精气神儿都没有。再看这个店长的工资，一个月工资4600元，全勤奖200元，工龄工资50元，干一年加50元，店长大概一个月能赚4850元，就这么多固定工资。我告诉老板，如果他的薪酬体系不改，这个店做不长。

我给这个老板算了一笔账，这家店一个月的营业额为 34 万元，如果店长每个月的营业额到 30 万元，每天只要销售额超过 1 万元，就拿销售额的 1% 作为门店管理奖，接着再送店长 10% 的身股分红。所有的薪酬改革和股权改革必须有 3 个月的试用期，3 个月之内做两套制度，哪一套效果好就用哪一套。

后来，该店的月营业额达到了 69 万元，盈利了 7.7 万元。而店长的工资达到了 14600 元，这对店长来说是很大的激励。这时店长就会好好做销售，并控制好门店运营成本。虽然这个老板没太多钱，但他有格局，愿意给员工分钱。

如果一个老板不懂分红，不给员工分钱，一旦员工某天听到某一家同行业的老板对员工进行股权激励，他可能就会投靠对方。所以，股权激励一定要做。有时候员工不只是看本公司的规则，也在看竞争对手的规则。

四是必须明确股权激励本身的规则。

股权激励本身有其自己的规则，只有掌握了这个规则，才能玩转股权。

英灿点醒

股份制改造四大核心关键：一是必须明确股东会和董事会做决策的规则；二是必须明确进入、退出和分红机制；三是必须明确竞争对手的规则；四是必须明确股权激励本身的规则。

第四节　必须股改的情况

但凡公司遇到以下八种情况，必须进行股改，否则无解。那么，具体是哪八种情况呢？

1. 劳资对抗

什么是劳资对抗？我们来分析一下，老板要什么？答案是高利润。员工要什么？答案是高工资。有的老板认为员工的工资高了，企业利润自然就低了，因为工资是成本；反过来讲，要想企业的利润高，员工的工资就低了。这种观点下的老板和员工之间永远是一对敌人，这就是劳资对抗。

老板代表资，员工代表劳。这里面谁具备了财富分配的权利？谁来制定规则？老板具备了财富分配的权利，看起来好像是强者。但如果员工没有财富分配的权利，他可能会消极怠工，诸如请假、迟到、早退、旷工的问题就会层出不穷。

这时怎么办？唯一的解决之道就是导入合伙人机制。比如，员工能分到 6 元，老板就能分到 4 元；员工能分到 6 万元，老板就能分到 4 万元。这样做的结果是什么？员工和老板不是亲人，但是胜似亲人。这是劳资对抗问题唯一的破解之道。

2. 两权分离

什么叫两权分离呢？一般来说，企业有三项权利，即所有权、经营权、收益权。一个公司老板能忙得过来，两三个公司老板就忙不过来了。当分支机构越来越多的时候，老板没有办法去亲自经营，这就需要找到适合的职业经理人。而这时，老板就从直接管理变成了间接管理，从看得见的管理变成了看不见的管理。企业要做大做强就必须走这条路。

为什么很多老板开店开了几家以后就经营不下去了？主要原因就是经营权分离。老板拥有所有权和收益权，而经理人只拥有经营权，两权开始分离，这时跑、冒、滴、漏、拿等问题全都出现了，因为经营门店的开销又不是花经理人的钱，老板盈不盈利与其一点关系都没有，只要把营业额做起来就行。

如果你的公司有这种情况，必须股改。具体操作是：老板的所有权不变，但是只拿40%的收益权，超额回扣；经理人拥有经营权，拿60%的分红，这是他的收益权。这样两权分离变成了三权合一，经理人就能把店经营好。这是两权分离问题唯一的破解之道。

3. 竞低文化

当一家公司不是比谁的贡献大或是谁的业绩高，而是比谁的工资高、谁跟老板的关系好，就会形成一种竞低文化，导致员工满腹牢骚，消极怠工，因为所有人都在往低看，而不是往高看。谁把指标做高一点儿，任务完成多一点儿，可能会遭到其他人攻击。如果你的公司也有这种情况，必须股改，否则无解。

4. 另损加剧

有一次，我在某地讲课，遇到一个做石材生意的老板。那个时候，我刚刚创业，是上门去辅导。刚到他们单位，我看到有一个技术工人在切割大理石，经询问得知，切割后的成品尺寸是0.8米×1.2米，但他当时选了一块3米×3米的大理石，直接从中间就划下来了，其余的都被扔掉了。

这个工人为什么这么做？因为他拿的是计件工资，做一件拿一件的钱，这些材料的损耗和浪费跟他一点儿关系都没有，所以他不会心疼。这就叫另损加剧。如果你的公司也有这种情况，必须股改，否则无解。

5. 臃员定律

什么是臃员定律？一个公司里永远是经理人和老板在博弈，通常表现为两种形式：一是你给我加薪，二是你给我固定的薪资后，我会少干活，从而实现自身利益的最大化。

一般小微公司的管理方式是以直接管理为主，所有事情都是老板亲力亲为，所以老板知道怎样用人，该用多少人。当这个公司越来越大，老板会采用分级式的间接管理方式，把用人权转到下面的经理人手上，经理人会通过扩大部门，增加人员，使工作变得更轻松，使利益变得最大化。而和他一个级别的经理人也会仿照他的做法，形成攀比之风，从而使部门扩张、人员增加的要求被不断放大。公司的部门越来越多，层级也变得更加复杂，但工作效率却不升反降。这就是臃员定律。

这时候增加工资也解决不了问题，唯一的解决方案是进行股改，劳动者、经营班子拿超额利润的60%，老板拿40%。此时，经理人不仅关注销售，他更关注成本和利润，因为节约每一分钱他都可以从中受益，他是为自己而节约的。

6. 道德风险

什么是道德风险？比如说，有的主管会打着为员工加工资的名义，来找老板增加工资，这就是道德风险；有的主管偷拿回扣，这也是道德风险；有的人本来只要2000元就能解决问题，结果他花了20000元，因为这不是他的钱，他不心疼，这也是道德风险。如果你的公司也有这种情况，必须股改，否则无解。

7. 人才问题

为什么你招不到人，即使招到人也留不住？因为你用不好这些人。还有的员工不积极，请假、迟到、早退是常事儿。这些都是机制引发的问题，因为这些人是给老板打工的，不是为自己干活的；因为这些人不是股东，没有股份，他怎么可能为你卖命？如果你的公司也有这种情况，必须股改，否则无解。

8. 资金问题

为什么有的小微企业总是缺资金、缺人才、现金流断裂导致总是缺钱？这一切问题的根源，都是老板不懂股权。一个老板要想懂股权，就要懂融资、懂众筹。众筹不是筹一次，而是持续性工作，没钱要筹，有钱也要筹，这是老板一生的工作。

英灿点醒

1. 必须股改的八种情况：劳资对抗、两权分离、竞低文化、另损加剧、臃员定律、道德风险、人才问题、资金问题。

2. 未来的时代，帮扶下游，整合上游，并购中游。

第五节　股改之道："八定"定天下

一个小微企业要想做大做强，一定要建立一整套的股改系统。股改一定先从内部进行，正如一个鸡蛋，如果从外面打破它，过两三天之后就会变臭了；如果它是从里面破壳而出，那就出现了新生命。所以，股改一定要从内部开始，先内后外，"八定"定天下。那究竟是哪"八定"呢？

1. 定老板

企业在进行股改的时候，一定要先明确谁是老板。老板通常有两个：一个是身股老板，另一个是银股老板。银股老板控股，身股老板分大。银股老板必须掌握控股权，公司才安全；而分红的时候，身股老板必须分大头，一定要分得超额部分50%以上的利润分红，这样他才能找到当老板的感觉。

2. 定部门

股改是从分店开始，还是从总部开始？答案是从分店、分公司、分园开始，不能从总部开始，因为这样做风险最小。

3. 定岗位

股改时一定要先从关键岗位开始、从不可替代的岗位开始。比如说门店的店长、分公司的总经理、项目总监、技术骨干一定要股改，因为这是公司的骨干力量，改成模拟老板、替老板操心的人，再比如财务一定要改，因为财务是不可替代的岗位，财务掌握着公司进出的每一分钱，财务能控制成本。

4. 定类型

我们前面讲股改有三种类型，即身股、银股和期权。一般来讲，首次股改不要改银股，而要改身股；第二次股改要改期权，第三次股改再改银股。如果你一开始就去改银股，万一这个人不合适呢？你是不容易开除他的。而改身股，如果不行还可以换人。所以，股改一定要分阶段去改。

5. 定基数

假设某公司去年有100万元的利润，今年该公司要做超额利润分红，把基数定为120万元。如果你的公司也是这样的，那肯定"死"得很惨。因为你今年干得越多，明年的基数就会越高，这意味着你在给自己"埋雷"。可能很多人会问："那把基数定为80万元可不可以呢？"可基数越低，意味着得到的钱就会越少，所以基数也不能定得过低。那基数怎么样定才算合理呢？我认为，定基数要打九折，而且一定要保持三年不变，而不是每年都要制定新指标，员工这样模拟老板的心理才会很踏实。

6. 定人员

定人员就是你一定要明确股改对象的名字。老板要把股改对象的名字签到股改合同里，否则他心里不踏实，认为老板可能在"忽悠"自己。

7. 定规则

股改前一定要明确进入、退出和分红规则。如果规则不明确，一切都无法推进；只有规则明确了，所有人都按规则办事，你的商业活动才能保持长久。

8. 定合同

没有股改合同的方案根本落不了地。你到任何地方去学习股改，如果没有提到合同，那么就不用学了，因为根本落不了地。

英灿点醒

股改"八定"，即定老板、定部门、定岗位、定类型、定基数、定人员、定规则、定合同。

阅读思考

1. 你的公司是如何进行股权激励的？

2. 你的公司是如何进行股份制改造的？成果如何？

后记
危机即机遇

2020年年初,一场席卷全球的疫情使数以万计的人失去了生命,所有的企业都经历了一场巨大的震荡,也让无数家中小企业在一夜间灰飞烟灭……

在互联网时代,很多小微企业的发展本就困难重重,再加上这场不期而至的疫情,传统小微企业的发展更是雪上加霜。很多小微企业主出现了悲观绝望的情绪,变得更加迷茫了。其实在我看来,危机即机遇。因为这次疫情也大大加快了全球拥抱数字化变革的步伐,这表示商业智能时代离我们越来越近了。

在下一个时代浪潮即将来临之际,传统小微企业不应坐以待毙,而是应该马上转型。只有转型才有新出路,只有转型才能在下一个浪潮到来之时乘风破浪。

我认为,小微企业转型升级有三条必经之路,分别是App互联网之路、OPP会销之路和VIP会员之路。如何快速实现转型呢?我的八大系统课程为传统小微企业提供了一些思路,我从总裁修炼、班底建设、客户定位、爆品打造、销讲成交、企业文化、薪酬设计、股权激励八个方面分别做了具体阐述,以让传统小微企业在前途迷茫之际能找到出路。

我在本书中提的相关建议和方法，适合大部分小微企业活学活用，也有小部分企业可能需要进一步打磨。不管怎么说，如果这些建议和方法能为大家提供一点儿思路，让小微企业少走一些弯路，我便心满意足了；同时，也希望更多同仁能够相互切磋，帮我查缺补漏，弥补八大系统存在的不足之处，以便更多的读者能够从中受益。

最后，关于此书，我要感谢我的家人、我的员工、我的学员，正因为有了他们的支持，我才能够把这些内容写出来。同时，我更要感谢中国财富出版社有限公司的老师们，以及所有为此书付出努力的朋友们，正是因为有你们的鼎力相助，此书才能够圆满完成。

这里，祝愿所有朋友一切安好！祝愿所有企业能将危机转为机遇！更祝愿我们的国家、我们的民族越来越强大！

李英灿

2020 年 5 月 30 日